# 有效激励

## 1001 WAYS
### TO ENGAGE EMPLOYEES

[美] 鲍勃·纳尔逊 (Bob Nelson) ◎ 著
肖志清 ◎ 译

中信出版集团 | 北京

图书在版编目（CIP）数据

有效激励 /（美）鲍勃·纳尔逊著；肖志清译 . --
北京：中信出版社，2022.3
书名原文：1001 WAYS TO ENGAGE EMPLOYEES: HELP PEOPLE DO BETTER WHAT THEY DO BEST
ISBN 978-7-5217-3507-9

Ⅰ.①有… Ⅱ.①鲍… ②肖… Ⅲ.①企业管理－人事管理 Ⅳ.① F272.92

中国版本图书馆 CIP 数据核字 (2021) 第 181856 号

1001 Ways to Engage Employees ©2018 by Bob Nelson, Phd.
Original English language edition published by The Career Press, Inc. 12 Parish Drive, Wayne, NJ 07470, U.S.A.
Simplified Chinese edition copyright ©2022 by CITIC Press Corporation
ALL RIGHTS RESERVED
本书仅限中国大陆地区发行销售

有效激励
著者：　　　[美] 鲍勃·纳尔逊
译者：　　　肖志清
出版发行：中信出版集团股份有限公司
　　　　（北京市朝阳区惠新东街甲 4 号富盛大厦 2 座　邮编　100029）
承印者：北京联兴盛业印刷股份有限公司

开本：880mm×1230mm 1/32　　印张：10.75　　字数：202 千字
版次：2022 年 3 月第 1 版　　　　印次：2022 年 3 月第 1 次印刷
京权图字：01-2020-1073　　　　　书号：ISBN 978-7-5217-3507-9
　　　　　　　　　　　　　　定价：68.00 元

版权所有·侵权必究
如有印刷、装订问题，本公司负责调换。
服务热线：400-600-8099
投稿邮箱：author@citicpub.com

温水煮青蛙永远不可能最大程度地激发员工的潜能，你需要点燃他们的内心之火。

——鲍勃·纳尔逊

# 目录

推荐序　关于激发员工潜能的思考 ......................................................... III
序　谁需要对员工潜能负责？ ................................................................. V
前　言 ........................................................................................................ IX
概　述　从员工权益到激发员工潜能 ................................................. XIII
1　员工认可 ................................................................................................ 1
2　职业发展 .............................................................................................. 39
3　直属经理 .............................................................................................. 77
4　战略与使命 .......................................................................................... 95
5　工作内容 ............................................................................................ 127
6　高管与员工的关系 ............................................................................ 143
7　开放和有效的沟通 ............................................................................ 177
8　同事满意度与合作度 ........................................................................ 195
9　资源可用性 ........................................................................................ 215
10　组织文化 .......................................................................................... 233
本书提及的公司 ...................................................................................... 280
致　谢 ...................................................................................................... 312

# 推荐序
## 关于激发员工潜能的思考

工作潜能被充分激发的员工能够创造更多的价值，做出更大的贡献，这个观点毋庸置疑。人之所以和机器不同，是因为人受情感驱动。但是如何衡量敬业员工？怎么判断哪些工作成果是由敬业员工创造的，而不是由其他因素，例如技术进步创造的？如何激发员工潜能始终是管理领域的难题。本书的几个核心观点以大量模型和实践作为基础，值得从业人员学习：

一、与其讨论员工敬业度得分高低，不如看看哪些因素能够影响员工的工作热情。本书列出的 10 项举措都在实践中得到了有效的证明，但是每个企业的情况不同，也许这些举措的排序和发力点是不一样的，需要我们因地制宜。

二、要对员工是否敬业进行衡量，除了要考察个体的自我认知，还要看员工的行动，谁是敬业的员工是由其行动决定的，而不仅是员工的态度或者他说了什么。因此，与组织诊断结合在一起的敬业行为讨论更有价值。

三、比较 2019 年与 2020 年智联招聘发起的最佳雇主活动，我们发现，2019 年获得最佳雇主的企业员工更强调个体价值和个人成长；2020 年获得最佳雇主的企业员工则更关注组织效率和使命驱动，这在一定程度上再次证明了人的行为是环境的产物。2020 年的疫情让企业同舟共济、共克时艰，这对员工个体也有很大影响。因此，重视企业文化，重视组织能力建设，对引导员工行为会发挥更加积极的作用。

本书另外一个值得推荐的理由是它适合人事经理阅读，因为人才的保留正变得日益重要，而本书提供了非常细致的案例，可以作为员工满意度的重要检查项，供用人单位借鉴和参考。

智联招聘集团人力资源负责人　郑啸

# 序
## 谁需要对员工潜能负责？

鲍勃·纳尔逊邀我为他的书稿作序，我欣然应允。这些年来，我们花了很多时间探讨员工潜能这个话题，我很高兴他能关注这一话题。首先，鉴于大多数组织在真正激发员工潜能方面进展甚微，因而这一话题很有研究的必要；其次，我觉得鲍勃的方法很独特，他发现了一些实用的策略和真实案例，可供读者借鉴，不管是个人还是组织，都能从中受益。虽然我认为个人和组织的行为很难改变,但鲍勃一直提醒我们,做出改变可能没有我们想象的那么难,往往只需要在正确的时间找到正确的方法,并成功实施。这本书将帮助你做到这一点。

人才管理领域的一个永恒之谜是美国公司在激发员工潜能项目上投资了100亿美元,却收效甚微。部分问题在于,尽管许多公司在调查、培训和相关项目上花费了大量资金,但是最终不但没能激发员工潜能,反而扼杀了员工参与公司事务的积极性。为什么会这样?我认为这主要是因为我们对问题的表述不正确,首先应该问:谁需要对这个问题负责。

## 谁需要对员工潜能负责?

在几乎所有关于员工潜能的组织调查中,标准做法都是问一些"消极问题",即描述静态条件的问题。"你有明确的目标吗?"就是一个典型的消极问题。之所以说它是消极的,是因为它会让人们想到公司为他们做了什么,而不是他们为自己做了什么。

当人们被问及这些问题时,他们几乎清一色地将其归结为"外部环境"因素。因此,如果一个员工在被问到"你有明确的目标吗?"时,在消极地回答"没有"后,他总会找一些外在的理由来为自己解释,比如"我的经理拿不定主意"或"公司每个月都在改变经营战略"等等。他不太可能打心里承认"这是我的错",

而是将责任推卸给别人。消极构建的问题就会得到消极的解释（比如"我的经理没有设定明确的目标"）。

结果，当公司采取下一步行动，要求员工就改进工作积极建言献策时，员工们还是只会盯着外在环境不放，而不是他们自己应该怎么做。他们典型的回答是"管理者需要接受目标设定方面的培训"或"我们的高管需要更有效地传达公司的愿景"。公司实际上是在问"我们做错了什么？"而员工们则很乐意列出公司一长串的错误和缺点。

即使公司做出了改进，员工也可以轻易将所有责任推卸得一干二净，然后告诉雇主："还不够好，你必须做得更多。"当组织被迫去追求一个不断变化、不可能实现的梦想时，就注定会失败。

消极问题使个人逃避个人责任，纵容他们把责任推卸给其他人或推卸到其他事上，而不是由他们自己负责。

## 所有动力都始于个人

以员工为中心作为工作的出发点会好很多，所以不要问他们"你有明确的目标吗？"这样的消极问题，你可以问"你怎么确保目标明确？"或者"你有没有尽力为自己设定明确的目标？"，这样员工就会有描绘一个愿景，制订计划并采取行动来获得更好的结果的责任感。

或者拿职业发展的问题来说，如果我们对这个话题有所了解，那就会明白所有发展都是自我发展。也就是说，你可以拥有最好的技能培训计划、人际交往机会和职业发展道路。但如果一个人不想充分利用这些资源和机会，那么这些计划将无助于他在工作或事业中学习、成长和进步。

鲍勃在这本书中介绍的所有激发员工潜能的方法也同样如此。在你阅读、讨论和收集各种理念和观点，并将其应用到你的组织中时，记得从那些你最想影响的人开始。不要只问"我需要做些什么？"，还要问"谁愿意帮助我实现这一目标？"以及"每个人都要做些什么才能推动我们在这一领域取得进展？"。

这种方法将有助于你真正且更轻松地激发员工潜能！

——马歇尔·戈德史密斯博士，于美国加利福尼亚州兰乔圣菲

# 前　言

　　每家公司要生存、要发展，就需要每位在平凡岗位上的员工做出非凡的业绩。

　　写这本书是基于一个简单的前提：向人们展示现实中的员工潜能是什么样子。一般而言，员工潜能体现了所有员工的精神、动力和自主决定权。在美国企业界，员工潜能是一个模糊的术语，就像以前的"员工授权"以及更早以前的"员工满意度"，它意味着试图解决所有问题，却什么都解决不了。在过去的20年里，大多数组织都在内部启动了激发员工潜能方案或者类似的计划。这些努力的重点主要在于组织从一开始如何衡量潜能这一概念，他们通常使用当时与之合作的人力资源咨询公司所倡导的维度。

为了帮助公司激发员工的潜能，我想创建一个资源库，从最能激发员工潜能的主要变量开始，按照这些变量对潜能影响的大小排序，然后从所有类型和规模的公司中找出生活中的例子、技术和最佳实践。这样就能创造一种资源，作为组织的起点，为那些希望真正激发员工潜能的组织服务，而不仅仅是年复一年地评估员工潜能。

毕竟，我们知道在过去20年左右的时间里，敬业员工和怠工员工的数量几乎没有什么变化。如今，每10名员工中只有3名对公司"很投入"，并在工作中充分享有自主决定权——根据盖洛普公司的统计，这一数据几十年来几乎没有变化。

大约有一半的员工在工作时"不投入"，也就是说，他们只是走过场，并没有在工作中尽自己最大的努力；剩下的员工（达18%）"非常不投入"，甚至到了对组织目标产生反作用的地步。据报道，敬业的员工比不敬业的员工多出57%的自主决定权，因此，使员工爱岗敬业对当今所有组织来说都至关重要。如果在这方面做得好，就有助于组织实现其使命和目标，提高吸引人才和留住人才的能力，取得期望的财务绩效，等等。

# 对员工爱岗敬业的追求

员工是否爱岗敬业已成为决定人力资源管理成败的关键。简而言之，员工爱岗敬业是要将个人的目标和价值观与组织的目标和价值观协调一致，从而在推动公司业务发展的同时实现员工的个人追求。令人难以捉摸的是，很多公司都想努力实现员工爱岗敬业这一目标，最后却发现并不是那么容易。但是对这一目标的追求并未停止，因为事实证明，员工爱岗敬业对公司而言太重要了，不容忽视。

如果没有工作投入度高的敬业员工，经理们就很难完成任务——更不用说把工作做到极致了。人力资源咨询公司韦莱韬悦指出："80%的员工没有充分发挥他们的潜力来帮助所属组织取得成功。"盖洛普公司则估计，怠工员工每年会给美国造成4 500亿美元的损失。

为了实现或超越经营目标，公司必须充分提高员工积极性，给予其激励，并且确保他们对工作通常能保持一种兴奋感。盖洛普公司的调查显示，如果企业能够创造一种敬业文化，那么员工：

- 致力于帮助公司取得成功的意愿会提高480%，
- 提出改进建议的可能性会提高250%，
- 将自己的公司推荐给其他求职者的可能性会提高370%。

如果员工能全身心地投入工作，参与公司事务，他们做起事情来就会全力以赴，比以前更加主动、更加努力、更加负责，也更加高效。如果组织将员工爱岗敬业与否放在考核首位，他们就可以获得更高的组织盈利率、生产力、灵活性和员工保留率，并能更好地吸引人才。激发员工潜能还能使组织和员工互相信任，从而使双方更好地合作，以适应不断变化的需求和工作环境。

这本书聚焦于激发员工潜能的主要驱动因素，按其对员工潜能的影响大小进行排序。更重要的是，它将通过真实组织的具体案例向你展示这些驱动因素在实践中的表现，这些例子对书中所提到的十大维度有着积极的影响。有了这本书，你也可以轻松地在你的组织或工作团队中学习和应用类似的想法、技术和最佳实践。

就像我在此之前写的其他同类书一样，我想通过实际工作中的例子，提炼总结出激发员工潜能的本质。不管你是管理一个人，还是管理几千人，本书都能帮助你专注于那些具体的行为及行动，激励员工每天都做到最好。祝你好运！

——鲍勃·纳尔逊博士，于美国加利福尼亚州圣迭戈市

# 概　述
# 从员工权益到激发员工潜能

让员工干活儿和让员工把活儿干好完全是两码事。

据《哈佛商业评论》报道，公司每年在激发员工潜能方面的花费超过了 7.2 亿美元——预计将来的年均投入还会增加，将会超过 15 亿美元。尽管如此，公司的员工敬业度却仍然处于历史最低水平。根据盖洛普公司的统计，目前只有 30% 的员工被认为对所在公司具备敬业精神，这与盖洛普大约 20 年前开始首次衡量敬业度这一指标时的百分比相比并没有什么变化。

这当中究竟出了什么问题？为什么激发员工的潜能这么难？

盖洛普进行了广泛的纵向研究，系统地确定了区分高绩效组织与市场竞争对手的核心变量，他们的这一研究无可辩驳。但是，知道这些组织的压力点是什么，并且根据实际情况调整这些变量，显然比任何人所能预测的都要困难得多。

难道是我们的关注点不对，导致只见树木不见森林？公司是否花费了大量的精力（和金钱）来追求更高的员工敬业度分值，却忽略了如何才能真正提高这些分值，从而有效吸引员工参与公司事务？

也许是时候关注真正影响员工发挥潜能的行为了，而不仅仅是看重员工敬业度的分值。

这就是本书的目标。本书将向你展示实际工作中的例子、技术和最佳实践，说明在实践中哪些主要变量最能激发员工潜能，哪些公司做得最好。

首先，我找到了识别员工敬业度核心变量的最佳研究框架。虽然大多数主要的人力资源咨询公司都会为其客户跟踪记录一些敬业度变量，这些变量往往是他们认为重要的各种维度的汇总，但是最让我有共鸣的是人力资源解决方案公司实施的员工敬业度变量统计分析，这一研究框架也与我在管理和激励员工方面拥有的30年经验相一致。他们审查了从300万份员工调查中收集的关于员工敬业度的数据，并进行了回归分析，以了解哪些变量对员工发挥潜能的影响最大。

**员工敬业的公司**

下面是此统计分析发现的十大维度，按每个维度影响员工发挥潜能的重要程度进行排序。这些变量相互关联。将工作重心放在员工发挥潜能的主要驱动因素上，可以最大程度地激发员工的潜能。

## 第一章：员工认可

**认可员工的表现并使之制度化，让他们有一种工作出色就有回报的特殊感觉。**

如果你只能专注于一个因素来提高员工在团队或组织中的潜能，那么这一因素应该是认可：当员工表现出色时，要及时、真诚、具体地让员工得到与众不同的待遇。认可通常被称为世界上最伟大的管理原则，是激发员工潜能的主要驱动力。认可员工的表现对始终如一地支持和激励员工个体或团队至关重要。推动公司敬业文化的关键是要系统地根据员工的表现来认可他们，而不仅仅是要求他们打卡上班。虽然金钱和其他形式的报酬对员工来说很重要，但能激励他们发挥最大潜能的往往是体贴、及时的个人感谢和认可，这种感谢和认可意味着对其出色工作的真正赞赏。本章分享了一些成功的公司目前正在使用的赞赏案例、技术和策略。

## 第二章：职业发展

**帮助员工在职业生涯中学习、成长和进步。**

激发员工潜能的第二个最重要的因素是职业发展。每个人都希望他们付出的大部分工作时间有回报，引领他们在成功的道路上越走越远。在此过程中，他们希望学习和应用新技能，并希望得到管理者的支持。在一项全行业的调查中，超过一半的受访者表示：强烈希望管理者支持他们在工作中学习新技能。每个员工都要对自己的成长和职业道路负责。员工有理想和抱负，有管理者的支持，又有学习和成长的选择权时，他们无疑会在工作时更加投入。在这一章中，你会看到一些具体的案例，说明公司是如何帮助员工进行职业发展的。


## 第三章：直属经理

**员工的直属经理或主管所采取的行动。**

研究表明，员工与直属经理的关系是其工作中最重要的关系，因为通常情况下，经理负责给员工指明工作方向，提供培训和指导，对员工进行绩效评估。无论在世界何地，如果你有一个好老板，就意味着你有一份好工作；如果你有一个真正关心你、希望你成功的老板，并且能说到做到，落到实处，那么恭喜你，你有一份很棒的工作！大多数人都能对职业生涯中遇到的最优秀的经理的优点进行总结，很快列出这些经理与众不同的特质和行动。通常，这个清单上包括诸如"善于倾听""百忙之中还花时间了解员工""明确传达工作目标""平易近人且支持员工""提出的问题经过深思熟虑""让我感到自己对公司很重要",以及"在我犯错时仍然给予支持",等等。要想成为一名优秀的经理,就应该多尝试这份清单上罗列的事情,而且不能浅尝辄止!事实上,大多数测试敬业度的变量都反映了一名优秀的经理能够对员工产生影响的个人因素。在本章中,我们将探讨哪些行为和行动能够造就一名优秀的经理。

**第四章:战略与使命**

**将每个员工与公司更宏大的目标、愿景和使命联系起来。**

每个员工都想进入更大的组织,成为其中的一分子。工作中最常见的情况是,这些员工对自己在组织中的角色以及他们与公司的战略和使命之间的联系有更全面的认识。这种联系越清晰,组织的愿景和目标就越明确,员工的价值就越大,他们的参与度就越高。然而,只有 64% 的员工认为组织的成员了解组织的战略和使命。本章将介绍一些公司及其经营理念,说明它们是如何让自己的使命和战略与员工日常工作发生关联的。

**第五章:工作内容**

**工作本身:需要做什么以及如何最好地调动员工去完成任务。**

任何工作的基础都是工作本身。目标明确、主次分明以及期望合理是任何工作的起点，把这些工作做好可以为员工提供重要的激励基础。让员工对自己的工作有基本的发言权也很重要，具有挑战性的工作也是如此。给员工赋能，让他们有用武之地是激发员工潜能的本质所在。本章将展示公司如何让员工每天做他们最擅长的事情。

## 第六章：高管与员工的关系

**让员工经常见到并了解高层领导。**

激发员工潜能的另一个重要方面是高管与员工的关系。我发现最好的公司领导不是那些"高高在上"或与员工保持距离的人，而是非常愿意与员工打成一片，帮助、引导并激励员工走向未来的人。本章的众多例子将展示高层领导如何助力激发员工潜能的计划（这些计划对组织的成功至关重要），而不仅仅是批准预算。例如，让员工接触和看到高管，与高管们在自己的工作中发挥积极作用一样重要，这些工作表明他们对员工的承诺。本章将举例说明不同公司的高管如何与员工建立联系。

## 第七章：开放和有效的沟通

**为员工提供接触人员和信息的便利。**

所有员工都希望自己是"知情的"，也就是说，不管是在工作中碰到的问题能否得到及时答复，还是想更多地了解组织的客户、产品和服务，又或是仅仅想了解公司其他部门的情况，这都是他们工作中不可或缺的部分。经理们可以通过公开透明地分享信息，以及征求员工的意见和想法来改进决策、简化流程、提高客户满意度、增加收入和（或）降低成本，从而利用这一通信流。简而言之，要让员工参与持续的对话，系统地为员工、客户和组织做出积极改变。这一章提供了许多开放和有效沟通的策略，这些策略来自那些在这方面做得很好的公司，你可以将其应用到你的组织中。

**第八章：同事满意度与合作度**

**同事的素质以及与他们共事的轻松程度。**

与谁共事是影响员工潜能的另一个重要因素。如果和同事相处愉快，我们就会开开心心地来上班，在他们需要帮忙的时候伸出援助之手，等我们需要帮忙时，他们也可以拉我们一把。如果你的同事和你一样重视提高个人素质，对工作又认真负责，这将进一步提高你对工作的投入程度——跟优秀的同事在一起，你也会变得更优秀。本章将提供大量的例子和策略，说明如何提高你的团队、部门或整个组织的同事满意度和合作度。

**第九章：资源可用性**

想让员工完成某项工作，必须给他们提供必需的工具、预算和支持。

给员工足够的资源来完成某项工作,这似乎是一件再简单不过的事,更不用说最大限度地激发员工的潜能了,但是我们都经历过这种说起来容易做起来难的情形。预算冻结、决策推迟、优先级调整,类似的障碍甚至会让最简单的计划难以执行,让你的工作停滞不前或偏离正轨,因为在这种情况下,你很难专注地获取你所需要的资源。在本章,你将学习一些公司的策略和示例,这些公司已经找到了将可用资源和流程优先提供给员工的方法,员工能够依靠这些资源及时、高效地完成他们的工作。

## 第十章:组织文化

**组织的共同价值观影响着员工的期望和行为。**

在任何一个组织中,工作环境的好坏取决于其组织文化:公司为共同工作制定的共同准则、政策和实践,通常由一套核心价值观定义,这些价值观被公开列为优先事项,作为所有人在行动和决策过程中的指导原则。本章将展示一些例子,说明组织如何将自己的价值观应用于职场,以创造既能吸引人才又能留住人才的工作环境。

如果你从员工那里了解到他们最紧迫的十大参与需求,你可以考虑优先关注这些领域。事实上,你可以考虑关注员工主要的或最重要的需求,以获得最好的改进效果。我发现,当组织关注一长串变量时，随着时间的推移，结果往往并没有太大的变化，因为他们的精力过于分散，无法真正改变事情的完成方式。更好的方法是真正推动某一个关键方面，例如，可以尝试以今年为试点，将认可与组织所有的政策和措施，以及每个经理的工作重心和行为整合。

此外，本书还通过大量的例子、技术和最佳实践更深入地探讨了这些问题，以帮助你了解哪些具体行动和行为在提高员工敬业度方面具有最大的吸引力。本书提到的所有公司都在书末的索引中列出了它们所处的位置和行业。

## 视员工为可信赖的合作伙伴

伯勒斯医疗咨询网总裁兼首席执行官乔恩·伯勒斯总结得很好：

许多组织都在探讨员工的敬业度和协作性，敬业度和协作性意味着一种主人翁意识和自利意识。如果你将员工视为商品，他们就会表现得像商品一样；而如果你将员工看作对结果有真正利害关系的所有者，那么员工将从下属转变为商业伙伴，帮助你的组织走向成功，因为这样做符合他们的自身利益。

越来越多的组织正在这样做。高绩效的组织正在制定自下而上的战略，将一线员工的心声传给高层，并经常与员工分享公司利润。达美航空是美国最赚钱的商业航空公司（最近的年利润达

XXI

55亿美元），该公司最近一年给员工的利润分成超过15亿美元，这是该公司连续第六年与员工分享公司利润。

在另一个例子中，医疗保健组织和系统越来越多地与医生结成利益联盟，这意味着让渡一部分企业利润给医生，作为交换，医生要对临床和商业结果承担责任。事实证明，这种策略在全国许多运营得非常好的卫生保健组织中很成功，因为医生们在工作时有一种归属感和主人翁意识。这一关键措施会为每个人带来更好的结果。让员工做主人翁并以此为荣是其中的关键！

从根本上说，你从人们身上得到的正是你赋予他们的东西。你将员工当作一次性物品，你也会成为一次性雇主，你的员工工作懒散、业绩低下，还会因为没有归属感纷纷离你而去。若将他们视为有价值的、值得信赖的合作伙伴，你就能充分利用每个人的贡献，无论是对你个人而言，还是对公司而言，都获益匪浅。

## 从员工权益到员工敬业度

有的公司在被一种权益至上的文化扼杀，在这种文化中，员工无所事事，得过且过地混日子。有价值的员工在组织中必须全力以赴、追求卓越，尽最大努力在工作中表现优异。

公司可以系统地让所有经理关注那些最能提高员工敬业度的

行为，并让员工参与这些实践，从而在公司内部成功营造一种敬业文化。为了最大限度地激发员工的潜能，经理必须挖掘员工的才能、兴趣和技能。从个人层面了解员工，并向他们征求意见，获得帮助和想法，对任何经理来说这都是一个很好的起点。在大多数情况下，赋予员工自主权和其他权力，让他们的行为符合组织的最大利益，并在行动过程中给予其鼓励和赞扬，这会产生意想不到的奇妙效果。鼓励员工追求自己的想法，并在此过程中给予其支持，也是在职场获得积极结果的重要策略。

如果经理真诚对待员工，并真正把员工的利益放在心上，那么他们就可以利用员工自己都没有意识到的一种能量。经理必须让员工对自己和组织中的其他人感到信任、尊重，并对其他人的成功感到兴奋。作为回报，你会获得对自己的行为更为负责、更加全力以赴为组织做贡献的优秀员工，同时这些员工也能让自己变得出类拔萃、与众不同。

# 1

# 员工认可

管理者无法为员工提供正面激励的原因很多,但是他们必须寻求某种激励的原因只有一个:

激励员工很管用。

认可、感谢和赞扬员工的出色工作,是提升员工敬业度的首要驱动力,显著代表了员工对敬业度的理解(占 56%)。这也许有些难以置信,因为在与他人打交道时,感谢别人是一个非常简单的常识。然而,大多数员工表示,他们在工作中并没有得到非常真诚的感谢。事实上，在一项调查中，只有 12% 的员工表示他们在工作中得到了有意义的认可，34% 的员工认为公司的一些认可行为没有实际意义。

然而，这种常识性概念远非当今大多数组织的普遍做法。为什么会这样？在我从事研究的 25 年里，我认为人们经常将认可员工这一行为简单地等同于用物质（金钱、礼品卡、积分、奖章、牌匾等）奖励。

事实上，我在关于这个主题的博士论文中，提出了一个简单的问题：为什么有些管理者会使用认可策略，而其他管理者却不用？我发现，即使管理者有认可员工的手段、计划或预算，这些东西也并没有真正促使他们认可员工的表现。这句话的言外之意是：当员工表现良好时，如果能够得到他们非常敬重的人及时、真诚、具体的认可，他们会有一种自己很特别的感觉。这也是为什么很多公司虽然在认可手段、项目、现金替代品以及商品上花费了数百万美元，但仍然有大部分员工表示，他们在公司没有得到应有的重视。

根据阿伯丁集团对员工进行研究后得出的结论：认可员工的积极表现并对员工的贡献表示赞赏，他们就会再接再厉，对公司更为忠诚，工作也更有动力。60% 的一流组织（在他们的研究中被定义为整体表现排名前 20% 的组织）表示，员工认可在提高个人绩效方面非常有价值。

在评估员工绩效时，管理者和组织很难系统地认可员工的表现。认可员工表现这一概念虽已在商务领域成为常识，却不是当今行业内的普遍做法。管理者不是太忙，就是对员工过于疏远，很多时候都没有注意到员工的优秀表现，更不用说对他们表示谢意。其实管理者并不需要做太多：一项针对美国工人的调查发现，63%的受访者认为老板只要拍拍他们的背，说几句表扬的话就够了，"拍拍后背"对他们而言就是一种莫大的激励。

在最需要奖励和表彰的时候，却没有相应的奖励和表彰计划，这尤其具有讽刺意味，因为最能激励人们的东西往往不需要花费太多时间和金钱。不需要巨额奖金，不需要安排巴哈马之旅，也不需要举行年度颁奖盛典，就可以让员工发挥出最佳水平，为公司全力以赴。管理者通常只需要花一点儿时间和精力，对员工体贴入微，感谢他们在工作中的付出，并鼓励其他人也这样做。此外，还有其他管理者也可以借鉴的简单认可方式：

> 关于认可：我们的员工想得到认可；我们的员工需要得到认可；根据我们从员工那里得到的反馈，这一成本值得投入。
>
> ——邵思博，
> 德勤前全球首席执行官

→ 当你听到好消息时，不要无动于衷！要与公司其他员工分享这个好消息，同时感谢负责人。

- ➔ 在一天的工作结束后，抽出一点儿时间想想哪些员工当天的表现较为突出。亲自给这些员工写感谢信，下班离开时将信放在他们的办公桌上。
- ➔ 在会议开始或结束时分享一些好消息，比如客户的来信，或者询问是否有团队成员想对其他成员说点儿什么表扬的话。
- ➔ 阅读邮件时，可以从中找出一些积极的东西与他人分享或在员工会议上分享。
- ➔ 员工有事需要找你交谈时，请停下来认真倾听。对员工要有求必应，而不仅仅是解决问题。
- ➔ 尽量抽时间与那些你不常见面或交谈甚少的员工见见面。一起休息一下，喝杯咖啡，或到外面共进午餐。
- ➔ 记住四一法则：在批评或纠正某个人之前，请先表扬或感谢这个人至少四次。
- ➔ 花些时间来庆祝个人或团体的里程碑事件、期望的行为、结果和成就。

与此同时，大约80%的管理者认为自己在员工认可方面做得很好，这是造成理想与现实脱节的一个重要原因。管理者觉得他们认可了员工的表现，但是员工又觉得自己没有得到认可，谁对谁错？由于员工的潜能是否被激发源于员工的心理感知，他们在这件事上更有话语权，因此管理者需要想方设法给予员工更多认可。

其实，给予员工更多认可并不难，基本的做法也很简单。认可员工的最佳方式具有以下几个要点：

→ **及时**：认可的时机很重要。在员工取得某项业绩之后，你越早认可他，他的行为或结果就越能得到强化，他以后会再接再厉，做得更好。

→ **真诚**：好的认可应该发自内心，在接受者听来是真心实意的感谢。如果你想让别人重视你的认可，你不能只是走走过场。

→ **具体**：任何真诚的赞美都来自具体的细节，也就是说，要有证据证明你对员工的评价是充分的、重要的。

→ **亲力亲为**：只要有可能，你就应该直接表扬员工，最好是亲力亲为，当面表扬。

→ **正面**：只给员工100%的正面评论。避免说"没错，但是"之类的话，或者给出其他否定的评论。这些否定的评论以后再说也不迟。

→ **积极主动**：要有一种对他人表示感激的紧迫感。有一说一，不要犹豫！

一旦你为员工建立了一个及时、真诚、具体、正面的表扬和认可的基线，你就可以在此基础上增加他们看重的其他认可形式。

要有效提升员工在组织中的潜能，你必须使认可成为每个人职业生涯中不可缺少的一部分。这对于激发员工潜能和提高组织绩效至关重要。在本章中,你会读到一系列新鲜的事例,这些事例代表了其他组织在认可员工方面的丰富实践。

Infinite Electronics 的人力资源专员德娜·萨德勒说:"我总是低估一句简单的'谢谢你'的力量,其实不能这样。感谢应该具体说明这个人做了什么,以及为什么其所做的事如此重要。但在大多数情况下,应该说一下这个人的行为如何帮助了你,让你的一天变得更美好,或者让你的生活变得更轻松。"萨德勒在达拉斯市政府工作时,该市的"感谢卡"计划让她送出了很多感谢卡,当然她也收到了不少感谢卡。该市为每一位公务员提供卡片,由他们自己决定将卡片送给谁——上级、下属,不同部门以及同一部门内的同事。卡片上有一个地方,用来说明接收者的行为展现了什么样的城市价值观。"这些话主要是手写且发自内心的,赠送者需要说明为什么接收者的行为如此重要,这对卡片接收者来说是最有意义的,"萨德勒说,"任何有幸收到这些感谢卡的人都急于在他们的储物柜或公告栏上展示它,也许是为了引起别人的关注,也许是为了让别人知道自己干这份工作的重要性。真的,这不是钱的问题,做任何工作都能挣到钱。"

"'当众表扬,私下惩罚。'我不记得最初是在什么时候及什么地方听过这句话，但我就是这么做的。"杰夫·罗杰斯说。他是 Job Hunter Pro 的首席执行官，Job Hunter Pro 是一家研发虚拟技术的公司，团队成员有来自俄勒冈州波特兰市的，也有来自佐治亚州亚特兰大市的。"作为一家以人为本的公司的前人力资源副总裁和现任首席执行官，我希望有更多经理乐于接受这个简单的道理。"

特拉华州威尔明顿健康保险公司的主管乔安娜·亚当斯写道：

我目前做的是主管工作，我一直以来非常重视并认可员工的工作，这也是我最为看重的东西。我手下有很多员工，我不仅适时表扬他们在某些方面的出色表现，而且还充分发掘他们的"板凳深度"，也就是他们身上的潜力。大多数员工都很拼，因为他们想让雇主觉得他们很重要。良好的雇主–雇员关系有一个重要特点，就是雇主不仅要在员工做得好的时候认可他们的工作，而且还要认可他们的潜力。正是因为有了良好的管理思维和融洽的上下级关系，我发现我的员工整体上比别人更努力，对我也极为忠诚。从长远来看，我们最终都会从中受益。

加拿大安大略省布伦·安妮公共关系和营销公司的经理布伦·安妮手下有 5 名工作人员，他们分别负责不同的工作，大多数时间都在进行远程办公。布伦·安妮说：

我知道这听起来像是陈词滥调，但如果员工态度很积极，我们将请他们吃午餐和让他们休假，以此作为奖励，我们还让大家分担某项任务以帮助团队其他成员。比如，客户可能需要解决某个棘手的问题——也许是某个客户需要一个有特定座位安排的剧院。一个乐观积极的回答可能是："这看起来比较难办，但我们一定会帮他物色一个完美的活动场所。"如果我听到某些员工得到了肯定的评价，他们就会得到相应的奖励：当天我会帮他们分担一项任务，请他们吃午餐，或者让他们享受半天乃至一天的休假，不管团队成员想要什么，我基本都满足他们。

---

认识到组织内部积极的品牌行为对保持员工的敬业精神来说至关重要。员工希望得到上司、管理层和同事的认可，同时这也体现了组织对员工以人为本的承诺。

Core Creative 是一家总部位于密尔沃基的广告和品牌推广公司，拥有约 50 名员工。他们深知员工是公司最重要的资产，并为此制订了一项旨在表彰优秀员工的"行动起来"计划，该计划将公司的价值观和独特的文化融入日常活动中，鼓励员工在线提名他们的同事，展示他们的品牌行为。

> 没有比赞美更有效的语言了。
> ——弗雷德里克·哈里斯

该公司财务和人力资源副总裁帕蒂·舒尔给我们分享了其中的细节："每个月，所有被提名者都会收到一张'Bring-It-O-Matic 5 000 正向强化机'代金券，所谓的正向强化机是一台经过翻新的口香糖贩卖机，它被放在我们的大堂，为客户和访客提供一个很好的闲聊话题。"所有提名人选都可以在公司内部电视频道和内部交流网站 Yammer 上进行分享。被提名者可以拿个人奖，也可以拿团体奖。奖励形式包括礼品卡、免费洗车、办公室早餐、高级停车场服务，当然也可以选择参加公司的主题日活动，比如睡衣日、模仿老板着装日、大学服装日、帕克橄榄球球衣日等集体活动。事实证明，对 Core Creative 团队的成员来说，"行动起来"计划是一种很好的展现方式，可以向公司同事表明他们看到了成员的努力，也珍惜成员的这种努力。

> 许多管理者忽视或低估了赞美的力量。
>
> ——罗杰·弗拉克斯，激励系公司总裁

"我们相信，员工行为得到上司认可的话，这种行为就会继续出现，"艾奥瓦专科医院组织发展协调员金伯利·海勒博士说，"我们做的一件简单而有效的事情就是给员工写感谢信。每位团队负责人都要亲手给员工写感谢信，以认可和表彰他们的努力，这些努力符合我们组织的核心价值观，很好地体现了我们的行为标准。

负责人还会记下哪些人不只是做了分内工作,而是在本职工作之外做得更多。这些感谢信会寄到员工家里,我们认为这比将感谢信发到他们的工作邮箱效果更好。"

团队负责人使用跟踪网格来查看表彰对象及其受表彰的频率。他们把直接下属的名字写在网格的行中,列则按月份的周进行标记。每周,当负责人给某位直接下属写感谢信时,他们就会将其记录下来。到了月底,负责人与其上司(医院的管理层领导)会面时,他们会汇报员工的业绩以及相应的认可次数。

"我们发现,另一种有趣而有效的认可形式就是感恩交流,"海勒补充道,"为了庆祝情人节,医院里每一个部门的人手都被分派到另一个部门,感谢所有部门为我们整个组织的成功做出的贡献。每个部门都会充分发挥创造力,为对象部门和员工量身定做情人节礼物。"

---

"我们肯塔基房地产公司位于肯塔基州法兰克福市,拥有大约200名员工。我们制订了一个'VIP计划',VIP的意思是'重视个人和表现(valuing individuals and performance)',该计划旨在为员工提供奖励机会。"

> 不管是男性还是女性,都想把工作干好,干得有创意,如果给他们提供适当的工作环境,他们就会这样做。
> ——比尔·休利特,
> 惠普联合创始人

该公司负责商业服务的副执行总监艾米·史密斯博士说："这些奖项看起来像是给员工开出了 75 美元的大额支票,上面详细描述了他们所做的出色工作。员工通过我们的正常工资核算流程提交付款支票。在该计划的第一个整年,我们向 179 名员工支付了 471 张 VIP 证书,共计 35 325 美元。共有 88% 的员工递出了他们的 VIP 证书,表明他们认可了同事所做的出色工作。"

希瑟·马查多还在康涅狄格州哈特福德医疗保健服务公司担任负责人兼组织顾问时,就根据 10 种领导行为设置了金牌经理奖。这相当于给了员工认可直接上司的机会,同时,员工也有机会解释为什么这些上司可以被评为金牌经理。希瑟·马查多首先从员工推荐信中分析他们描述的各种模式、主题和行为。随后,她会提炼出 10 到 12 个条件呈交给公司管理层领导,让其审核是否应该授奖。随后金牌经理人选产生,他们已获得管理层以及各自部门的认可。

后来她又在康涅狄格州哈特福德医院担任表彰和庆祝小组主席。当时他们创办了庆祝讲习班,授课内容是如何将核心价值观与组织内各团队的成就相结合。管理层和团队负责人奖励和认可了员工的最佳实践,并提供了庆祝用品(比如印有品牌标识的彩色气球、庆祝模板、预算工作表等)用于举办庆祝活动。其结果是:与组织和团队目标相关的组织内部庆祝实践得分增加了 10%。

在这两个地方，他们开发了一个电子平台，将诚信、关怀、卓越和安全等组织的核心价值观联系在一起，这样组织中各级员工都可以相互认可。在这一过程中，他们能够解释并举例说明他们所认可的同事是如何体现组织的核心价值观的。员工的主管也会收到发给被认可者的通知。此外，所有1.8万名员工都接受了以10种领导行为为基础的领导力培训。员工获得认可的方式也开始向电子化、数据化转变，当员工展望对组织行为的期望时，这些行为就会得到及时、具体和有意义的认可。

> 那些受雇主赏识的人对所在组织有更多的认同感，在工作上也更愿意全力以赴。
>
> ——佩吉·斯图尔特，《人事杂志》助理编辑

家得宝是一家总部位于佐治亚州亚特兰大市的家居建材连锁店，其用以公司吉祥物命名的霍默徽章来奖励那些实践公司价值观的员工。领取3枚徽章的员工就有资格获得现金奖励。到目前为止，家得宝已向其员工颁发了40多万枚霍默徽章。

主要业务为活动策划，致力于帮助公司激励及认可员工的ITA集团，其解决方案经理克里斯蒂娜·祖雷克同商业伙伴分享了他们的客户家得宝公司是如何认可员工的：

只要员工实践了公司的核心价值观，他们就会获得一枚徽章，并将徽章别在围裙上——公司制服的一部分。从客户方面来讲，他们很容易就能认出那些经常被认可的员工，这反过来也让客户的提问更加轻松。此外，对那些可能不熟悉该做法的客户来说，这可能是打开话题的一个好引子。他们经常询问为什么员工会有这么多徽章，这让员工感到自己的成就得到了认可，并有机会分享自己的这种自豪感。

弗吉尼亚州肯布里奇市基准社区银行的高级副总裁兼人力资源总监詹妮弗·克拉克表示，他们的市场定位是小型社区，客户希望在这种社区里体验一种家庭式的氛围：

我们向员工传达的信息很明确："照顾客户的需求。"员工没有销售配额，这在我们行业是很少见的，但他们明白，如果他们满足了客户的财务需求，自然就会有销售业绩。正是因为我们让客户感觉自己受到了优待，他们才喜欢到基准社区银行办理业务。这一信息是自上而下传达给员工的。

基准社区银行的运营理念和价值观在他们的员工手册中表述

得一清二楚。新入职的员工在前3个星期中会在入职培训课上了解到这些信息。在培训课上，员工们不仅会了解到基准社区银行与其他银行的不同之处，还会学习他们在履行银行关爱客户的使命中所扮演的角色。为了做到这一点，他们设立了全明星奖励项目。

他们的核心价值观之一就是关爱。他们设立了一个项目，目的是让那些为客户付出更多努力的员工能得到同事认可，作为月度全明星的候选人。每个月，评选委员都会从候选人中选出获胜者。到了年底，全明星服务团队再从12名月度获奖者中遴选出一名年度获奖者。行长亲自为年度获奖者颁奖，以此激励所有员工再接再厉，更加关爱客户和同事。

克拉克补充说："我们最近的获奖者是一名出纳员，她在帮一位客户兑现支票时，该客户对她提及自己眼神儿不好，看不清字。这名出纳听到后决定联系当地的狮子会，和他们一起免费送

> 我们生活在一个变革的时代。如果你想在今天的商界取得成功，你就必须在变化中不断成长壮大，从变化的角度思考问题，要相信明天一切都会变得不同。你必须把变化当作家常便饭，诀窍就是不断告诉自己："一定会有更好的方法。"这样，很多时候问题就会迎刃而解。
>
> ——亨利·夸特希，
> QUAD/GRAPHIC印刷公司首席执行官

她一副眼镜。这位女士对此感激不尽。"

亚特兰大都会区的赫伯特建筑公司总裁道格·赫伯特说:"我们在与工头和工人的周会上会举办一些具有重要纪念意义的庆祝活动。"例如,入职90天后,新员工将获得三个月从业证书、一张礼品卡,还有工友们热烈的掌声。此外,他们还可以获得入职周年纪念日证书,任意抽选一张神秘礼品卡。"这样一来,员工觉得自己的工作在公司得到了认可,"赫伯特说,"这种做法对我们的员工很有效,也有助于使他们获得一种归属感,愿意留下来长期为公司服务。"

## 案例研究一：
## 员工认可

弗吉尼亚州阿灵顿市的企业教练雷特·鲍尔在创建他的第一家公司 Wild Creations 时就意识到，他们必须找到一种奖励和认可员工的方法，但是他们没有钱。因此，他们提出了一种零成本认可方案，让员工认识到自己对公司具有重要价值。

我们想让员工知道，他们每天为公司所做的一切，我们都心存感激。我知道，如果我们这样做，员工的旷工率和流失率都会降低，公司发展更有保障，更重要的是，团队将致力于实现我们追求的共同目标：

→ 要求员工互写感谢信，张贴在公司公告栏或发布在内部网站上，并通过外部客户的感谢加以证明。

→ 让员工休假。时间对他们而言是最珍贵的礼物，员工会永远记得某一个下午或某一天不用上班，可以做他们喜欢做的事。

→ 给员工的家人写封信，告诉他们为什么他们的亲人对公司的发展如此重要。

→ 帮助员工完成一件他最不想做的事情。

→ 给员工赠送咖啡礼券、洗车卡、电影票或音乐会门票。有些卡券可以抵扣实物或相互交换。

→ 允许员工在家工作，或赋予他们弹性工作的权利。你会对结果感到惊讶的！

→ 让各部门自主安排部门周：比如会计周、程序员周等。认可员工所做的贡献，与他们一起吃午饭，给他们颁发证书。

→ 给员工创造各种机会：做企业导师、担任委员会主席、做调研。

→ 不管是生日还是婚礼、毕业典礼，与员工一起庆祝他们的美好时光。买个蛋糕，让大家聚在一起，通过社交加深感情。没有什么比聚餐更能把人们聚在一起了！

→ 设立荣誉墙，贴上照片和剪报，表彰员工的杰出成就。在公司简报、博客或社交媒体上撰写小篇报道，表彰模范员工。

→ 对员工说"很高兴你能来"和"谢谢"。

雷特说："我在职业生涯的早期就意识到认可比其他任何激励因素都更强大。"

> 假装你遇到的每个人脖子上都挂着一块牌子，上面写着："让我觉得自己很重要。"如果你能做到这一点，你不仅会在事业上取得成功，也会在生活中取得成功。
>
> ——玫琳凯·艾施，玫琳凯创始人

## 案例研究二：
## 员工认可

雪莉·阿姆斯特朗是科罗拉多州格林伍德村的奖杯牌匾定制商 Award & Sign 的老板。她分享了他们在去年发起的一项表彰计划，这个计划彻底改变了企业文化、员工，还有她的生意。

该表彰计划的标识是一棵叫作阿米莉亚（Amelia）的树，Amelia 取 amelioration 一词的前三个音节，之所以用单词 amelioration 命名，是希望取其成长或改进之意。阿米莉亚树由乙烯树脂制成，长约 11 英尺[①]，高 8 英尺，位于办公区。Award & Sign 的 12 名员工在树叶、圆圈（作为花朵的中心）和星爆图案（代表特别认可）上都有代表自己的独特颜色，所有这些都会在下面进行说明。每周，每个人都有机会在谷歌表格上写下他们自己的或别人的成就。在每周一的全体员工会议上，他们会表彰那些工作完成得很出色或做出突出贡献的员工，这些员工的贡献可能包括流程改进或增加盈利等。员工会收到代表自己颜色的一枚树叶形或星爆形徽章，一张价值 5~15 美元的礼品卡，具体金额取决于其贡献的大小。

同事认可用花朵来表示，这可能是最为重要的奖励。代表员

---

① 1 英尺 =30.48 厘米。——编者注

工颜色的圆圈位于花朵的中间。阿姆斯特朗说:"我们发现,相关人员得到同事的认可后其行为发生了真正的改变。"

树上还有许多其他象征物,每一个都代表不同的成就:比如12只麻雀,每个月一只,奖励给当月贡献最大的人;4只猎鹰代表最佳季度贡献奖;1只老鹰则代表年度超级明星奖。

此外,他们还有特殊的季度表彰和认可。乌鸦代表最受顾客好评的员工,蝴蝶代表进步最大的员工,苹果代表将大项目做成功的员工,猫头鹰代表求知若渴的员工,而松鼠则表示那些给职场带来乐趣的员工。所有特殊奖项的获奖者均可获得价值更高的礼品卡,而"麻雀""猎鹰""老鹰"们的奖励则是支票。

阿姆斯特朗说:"树下有一颗小小的芥菜种子,对我来说,它代表着我对公司的信念,代表着我们为之服务的客户,以及每天为公司全力以赴的所有员工。"

> 一旦员工意识到他们的工作对组织很重要,而且受到领导重视,他们就会在更高层次上发挥作用。
> ——丽塔·纽默奥夫,医疗保健咨询服务提供商 Numerof & Associates 总裁

每个人都把自己的成就写在树叶上,把树叶形或星爆形徽章放在树上的花朵或象征物上。当他们在树上有了自己的位置,并对阿米莉亚表彰计划由衷感谢的时候,意义就更不一样了。

我们公司正迎来 30 周年庆，在对员工的表现和态度进行评价方面，我们也走过不少弯路。自从我们的表彰计划实施以来，看到我们的员工能在别人身上发现优点，还有他们能把事情做对而不是搞砸，这一点令人惊讶。员工们没有说闲话，也没有什么抱怨，工作热情大大提高，他们表现得更像是利益相关的主人，而不仅仅是员工。

阿米莉亚表彰计划对我而言意义重大，它极大地改变了我们的业务，我想把这一概念分享给别人（请参见我们公司网站 www.wardandsign.com）。已经有好几家公司表示有兴趣请我们为他们量身定做自己的阿米莉亚表彰计划了。最近，丹佛商业改进局就跟我们接洽过。我们积累了非常丰富的经验——当然还有很多地方需要进一步探索。

在汽车共享公司 car2go 的北美办事处，由于员工在 11 个不同的地点上班，对公司运行产生了不利影响。该公司通过使用同事认可平台来克服这一问题。现在，同事们能尊重、欣赏彼此的工作，并密切关注其他办公室发生的事情。

Legal Monkeys 是一家位于得克萨斯州布莱恩市的法律记录管理公司，他们设立了一块玻璃相框样式的"欣赏板"，员工可以在上面写几句感谢的话，然后将"欣赏板"送给他们欣赏的人。无论谁收到这块"欣赏板",都可以摆在自己的办公桌上进行展示,直到他们准备好把它传递给其他人。每项成就也会同时发布到公司的脸书页面,以提高团队的知名度。

纽约市的招聘公司Expand Executive Search创设了一种点对点的激励机制,称为"表扬罐"。每个季度,团队可提名三位成员,三位候选人可分享公司1%的利润。

"每周一,纽约市Small Girls公关公司的员工都会看到'击掌庆祝'荣誉榜,上面写着上周某些员工的成就,"助理客户经理佐伊·理查兹解释道,"这都是同事匿名提交的,这是一个很好的机会,员工可以支持和认可每个人的工作。"

总部位于旧金山的云通信公司dialpad将公司的飞行里程奖励给优秀员工。这些员工是由同事评选出来的,因为他们"不只是完成了分内之事,而是往往做得更多"。到目前为止,175名员工中已有6名获得了公司全额资助的旅行。

加拿大不列颠哥伦比亚省温哥华市的风险投资公司GrowthWorks Capital

> 我们意识到,公司最大的资产是我们的员工,我们的增长将来自资产增值。
> ——拉里·科林,
> 科林服务系统公司总裁

为了能更好地吸引和留住 Y 世代员工,专门设计了新的培训和奖励计划。他们有两种实施方式,其一是为经理开设的 Y 世代培训研讨会,其二是与奖励挂钩的反馈计划。每个月,经理和员工都会获得 1 000 分,这些积分又可以奖给那些"工作做得好"的同事。给予奖励积分的人必须向接受者解释,为什么他们会获得奖励。积分可以累积并兑换各种物品。

> 你能对员工说的最好的话就是:"你很有价值,你是我们最重要的资产。"
> ——菲利斯·艾森,全国制造商协会高级政策主管

大都会人寿保险公司是一家位于罗得岛州沃里克市的保险公司,公司的认可计划完全由一线员工管理,他们都是志愿者,而公司的合伙人或当地主管则负责现场监督。该公司的最高表彰计划"最佳精英"有 33 名获奖者。他们和配偶一起飞往罗得岛出席高级职员会议,然后在公司总裁和高级主管出席的晚宴上接受表彰,并获得一张 1 500 美元的旅行代金券,这张代金券可以和家人一起使用。自该计划实施以来,公司理赔部(大都会人寿保险公司最大的部门)的员工满意度从 3.89 分上升到了 4.43 分(满分为 5 分)。负责客户服务运营的副总裁玛吉·罗迪说:"得益于这一计划,我们公司现在比竞争对手更为强大。如果这仍然是我们公司文化的一部分,当然我们希望如此,那么这将使我们比竞争对手拥有更

长久的优势。"

北卡罗来纳州夏洛特市的可口可乐装瓶公司仿照流行的减肥真人秀节目《最大输家》,为本公司负责送货的卡车司机制订了一个类似的计划。司机被分配到不同团队,体重减轻最多的团队会获得奖励点数,可以兑换商品、旅行和签证礼品卡。结果,受到比赛激励的参与者平均每人瘦了10磅。

加拿大安大略省多伦多市的费尔蒙酒店及度假村要求员工告诉公司他们想要什么样的奖励,他们并没有给员工发礼品卡或奖章等千篇一律的东西。结果,自助餐厅的厨师重新装修了厨房地板,前台主管收到了购置一辆新吉普车的部分车款,而洗衣房服务员则得到了和母亲一起去伦敦旅行的机会。

> 奖励方式那么多,你可能会问:"我怎么知道每个人该怎么奖励?"答案很简单:问问他们自己。
> ——迈克尔·勒博夫,《世界上最伟大的管理原则》作者

通过"安全打"和"全垒打"计划,伯内特联合公司的员工可以向公司的任何同事表示感谢。在每个季度开始时,每位员工都拥有4次"安全打",他们需要将其送给乐于助人或有出色工作表现的同事,以示感谢。当员工集齐4个"安全打"时,他们就

可以兑换 25 美元的礼品卡，在加油站、餐馆或百货公司消费。

加利福尼亚州山景城的财务软件制造商财捷集团创建了名为"聚光灯"的员工认可计划，作为"聚焦绩效、创新和服务"的一种手段。该计划包括三个不同方面的认可：

- → 绩效：针对符合奖励标准的特定行为。大部分金钱奖励和其他奖励可以当场发放，代表公司认可员工的突出贡献。
- → 创新：针对专利公开、专利申请和已发布的专利。
- → 服务：针对重要的周年纪念日，每 5 年一次。

财捷集团的认可计划有一个独特的方面：员工可以将给他们的奖励转为慈善捐款，比如捐给国际红十字会或在苏丹提供医疗服务的组织。

丰田汽车位于印度的制造车间墙壁和机器上贴满了贴纸，标明员工提出创新想法的确切地点。这些贴纸上写着建议者的名字，贴纸价格不贵，但却引人注目。

飞机制造商波音公司的工程团队开发了一个名为"骄傲@波音"的即时奖励项目，该项目强调自发性和个性化。团队里有 50 名员工自愿担任表彰协调人，波音公司内部称之为"焦点人物"。"焦点人物"的职责是为员工提供稳定的奖励（价值不超过 10 美元），让他们自发地认可对方所做的特殊贡献。部门"焦点人物"发给员工的典型奖励包括定制糖果棒、电影票、计算器等。

意大利连锁餐厅伦巴蒂比萨的创始人兼老板黛安·西姆斯带着 6 名表现最好的员工到意大利进行了为期 16 天的烹饪之旅。这次旅行的最大亮点是，他们在意大利南部的一个小村庄圣玛丽亚停留，主厨马修·罗密欧的一辈又一辈祖先曾先后在此生活了 700 多年，至今，他的亲人们仍居住于此。罗密欧说："整件事让我看到了伦巴蒂比萨餐厅对我们员工的人文关怀。"

计算机网络硬件制造商思科系统公司的高级销售人员通过董事长俱乐部与公司的高管面对面交流。最近一年，优胜者（仅限公司业绩最好的 1.5% 的员工）可以和他们的配偶或合作伙伴乘飞机前往夏威夷，在拉奈岛的四季度假村游玩 5 天。优胜者体验了典型的度假项目，如高尔夫、网球、水疗等，但最有价值的是他们与思科高管一起度过的时光。公司为此安排了一系列的商业圆桌会议，让优胜者有机会和两名高管一起讨论销售团队感兴趣的商业问题。一位与会者表示："参加董事长俱乐部的好处之一，就是能见到管理公司的主要高管。从职业的角度来看也大有帮助,我感觉我的个人形象已经大大提升了。"

> 你自己决定如何与你的员工交谈。你会公开认可和表扬员工吗?要让你的员工感到自己具有重要价值。如果你尊重他们,为他们服务,那么他们也会这样对你。
> 
> ——玫琳凯·艾施,玫琳凯创始人

传统多媒体公司将员工打造成企业明星,以此认可他们的成就。据公司创始人兼执行合伙人斯特凡尼·特韦福德称,该公司在专业制作的 DVD(数字化视频光盘)中展示了他们的明星员工。以下是特韦福德成功制作 DVD 的指南:

→ **个性化**:使用真实人物的剪辑和照片。

→ **专业化**:使用专业标准完成所有制作步骤。

→ **发挥创造力**:想方设法打动和娱乐你的观众。

→ **添加和删除**:使用编辑软件添加或替换人员。

→ **历史思维**:存档或保存演示文稿以备将来使用。

娱乐设备公司 REI 是一家总部位于华盛顿的户外装备和服装零售商,该公司最优秀的员工有资格获得安德森奖。获奖者由同事提名,其能获得各种荣誉,包括部门副总裁的私人称赞、瑞士军表、镶框证书,以及在公司总部大楼外人行道的一块砖刻上自己的名字。安德森奖获奖者将飞往肯特参加为期三天的活动，他们有机会与 REI 的领导团队会面并参加团建活动、教育研讨会和户外活动。REI 福利和人力资源风险经理吉赛尔·桑普森说："我们的一位副总裁或董事将带员工去雷尼尔山徒步旅行。此外，还有人去航海，去划皮划艇。我们不需要费多大力气就能让员工对户外活动感兴趣。"

高纬环球是一家总部位于纽约的国际房地产公司。在该公司的葡萄牙办事处，完成项目的团队成员下班后会去吃小吃、喝饮料以示庆祝，所有员工都被邀请参加每年在旅游目的地举行的为期三天的户外活动。

> 对员工进行认可不是什么难事，也不需要花很多钱，因此根本没有理由不这样做。
>
> ——罗莎贝丝·莫斯·坎特，
> 哈佛大学教授

大卫·福斯是加利福尼亚州圣迭戈市的软件初创公司 Team-vibe 的联合创始人。他讲述了他之前供职的一家公司（Room5）的故事，该公司在圣迭戈、硅谷、萨克拉门托和波特兰均设有办事处：

这一年利润特别少，我们一直在努力激励团队。我们给表现最好的员工加了薪，但也几乎没有什么多余的钱再发给其他人。

我决定给每个办公室买一台高端咖啡机，算是给每个人送了一份圣诞礼物。我一共买了 4 台咖啡机，每台约 3 500 美元。我们在 100 名员工身上总共花了 1.4 万美元。加薪 0.5% 就意味着公司损失 6 万美元，而且更有可能让所有人失望。这些咖啡机太酷了。我们在每台机器上都挂上一个大大的红色蝴蝶结，并在每个地方都举办了一场"如何使用"咖啡机的派对。这一做法非常成功，即使不喝咖啡的人也认为这很酷。当然，咖啡机也成了公司新办公室的标配——但这对我来说没问题。这些机器总是受到应聘者和新员工的欢迎。这对员工（和公司）来说是一次巨大的胜利。

希尔克普能源公司最近向每位员工发放了 5 万美元的代金券，这是公司奖励计划的一部分，旨在将公司规模扩大一倍。如果公司的生产率、储备金和市值在四年后公司财年结束时翻一番，公司还会为每位符合条件的员工发放 10 万美元的奖金。在随后的一年里，公司实现了这些目标，除了夏威夷州，所有州的员工都在庆祝活动中拿到了支票。

俄亥俄州坎顿市的白金汉杜利特尔和巴勒斯律师事务所的办公室经理芭芭拉·格林这样解释"虚拟掌声"：

我们给全体员工发了一封电子邮件，请大家下午 4 点在自己的办公桌前为办公室服务部全体人员的辛勤工作鼓掌喝彩。办公室服务部的工作人员负责维持整栋大楼的正常运转，工作非常辛苦，因此，在同一时间以同样的方式给他们掌声鼓励，对每个办公室服务部的工作人员来说都是一种很好的方式。

威廉·皮肯斯是位于加利福尼亚州里士满的泳池盖公司的老板，他找到了一种利用有限的时间来认可员工的方法。他经常在墙上挂一个数字，如果哪位员工能说出该数字与公司业务的关联，该员工就会得到奖励。例如，22.5 是送货卡车消耗一加仑[①]汽油行驶的平均英里[②]数，知道这一点的人就可以获得 10 美元的奖金。

赛门铁克公司的人力资源专员在做了值得认可的事情时会互相颁发"幸运奖"。在每个季度末，人力资源副总裁会从获奖者名单中随机挑选出一些人，奖励他们价值 40~50 美元的奖品。

> 没有参与精神，又得不到奖励回报的员工队伍是不可能有质量意识的，也无法做到办事高效、开拓创新。
> ——阿伦·舒格曼，
> 《激励杂志》(*Incentive Magazine*)

---

① 1 加仑 ≈ 3.79 升。
② 1 英里 ≈ 1.61 千米。——编者注

# 21 天感谢

唐娜·卡廷是位于北卡罗来纳州阿什维尔市的红毯学习系统公司的创始人及首席执行官,著有《501种接待客户的方法:如何提高客户忠诚度,获得新客户,并使其留下持久印象》(*501 Ways to Roll Out the Red Carpet for Your Customers: Easy-to-Implement Ideas to Inspire Loyalty, Get New Customers, and Leave a Lasting Impression*)一书:她主张,要感谢员工的话,就要连续感谢21个工作日,这样可以表明你在一如既往地表达谢意:

第1天:发送一封电子邮件,感谢对你的工作带来影响的员工或同事。感谢要诚恳且非常具体。不要期待任何回报,只要说声谢谢就行了!

第2天:当面感谢员工,告诉他们,他们是如何对你的公司和(或)你的工作产生影响的。如果你和他们不在一个地方上班,给他们打电话表示感谢或者留个口信。

第3天:今天,请特意到办公区巡视一下,看看哪位员工做得特别好因而值得表扬。如果有,就说出来,当场给予其表扬,越具体越好。找一个在客户服务方面做得好的人,并与其他同事分享他具体是怎么做的,是如何互动的,你为什么欣赏这一点。如果有时间,可以再找两三个人重复一遍。

第 4 天：贴表扬便利贴！召集部门领导和（或）同事开会，选出一位你想表扬或鼓励的员工。在便利贴上写下正面的评价，贴在他们的工作区域。给他们一个看得见的大惊喜，让他们开心一整天。

第 5 天：开始一连串的善举。在一张纸条上写下你对某位员工或同事的赞美，言辞要具体，并分享给他们，让他们沉浸在你的赞美之中。然后，给他们一些空白的纸条，也让他们写下对别人的赞美和欣赏，诸如此类。把这些纸条贴在布告栏上，慢慢地，这样的感谢纸条会越来越多。

第 6 天：鼓励需要提升的员工。让他们知道自己如何有所作为，以及他们做得如何。问问他们需要什么帮助和指导，并予以支持。尽量让员工在谈话结束时心情愉快。

第 7 天："哇巡视队"。选择一个真正超越了自我的员工。准备好一束彩色气球和一张特别的证书。召集该员工的同事，以"哇巡视队"的形式给该员工一个惊喜。在大家面前介绍该员工是怎么因表现突出而受到表彰的，和大家一起为之鼓掌，共同庆祝。给他们赠送气球、颁发证书，并合影留念。

第 8 天：亲自给员工或同事写一封感谢信，具体说明他们是如何对团队、客户和（或）工作产生影响的。

第 9 天：拿一张纸，用钢笔或铅笔在上面画一条竖线，将其分成两列。在第一列中，列出所有直接下属的姓名；在第二列中，写下每个人对团队的贡献。每个人的贡献都要写，即使某个人乏善可陈，你也要尽量找出他的优点。这份清单请随身携带一周，有机会的话，私下与清单上的每一个人分享你对他们的积极评价。试着在一周内完成上述所有工作。

第 10 天：款待整个团队以示感谢！百吉饼、比萨饼、纸杯蛋糕或 M&M's 巧克力豆（这些东西太好吃了）都是不错的选择。如果不想请他们吃东西，那就给每位员工买一张 1 美元的彩票。不过要是他们当中有谁中大奖了，你要做好接受他递交辞呈的准备。

第 11 天：拜访新员工和新同事。欢迎他们加入组织，并邀请他们与你共进午餐。试着去了解他们，并介绍给至少其他三个人认识。接着再亲手写一封欢迎信。

第 12 天：找一位在幕后干了很多事却没有得到应有认可的员工或同事，让这些员工知道你注意到了他们付出的努力，并特别指出他们所做的事情虽小，但意义重大。

第 13 天：召集团队成员，站着开一个简短的会议。要求每个参会者用一分钟的时间与团队分享好消息。这个好消息既可以是个人的，也可以是与工作相关的。共同庆祝，然后回去工作！如果你今天已经安排了一个会议，那么就以这个好消息作为开始或结束吧。

第 14 天：今天至少要和两名员工进行面对面的会谈。谈谈他们的长远目标是什么？5年后会发展成什么样？看看你能在哪些方面给予其鼓励和指导，帮助他们实现目标。考虑一下你可以委派什么工作给他们，让他们得到锻炼，帮助他们走上他们想要的未来之路。如果你经常这样做，请选择两个人作为帮扶对象。

第15天：不管你在哪个部门工作，都要给夜班团队留下一封感谢信（也许还要留些点心之类的）。感谢信的内容要具体，让他们知道你是多么感谢他们的付出。如果你是夜班负责人，请在他们换班的时候带些零食亲自去感谢他们。

第16天：如果最近有员工表现突出，请为他起立鼓掌吧！召集10个以上的同事在预定的时间和地点见面。安排当事员工也过来，所有人都到齐后，号召大家站起来一起给这位员工鼓掌，掌声一定要热烈、持久。一定要明确地告诉他们，他们究竟做了什么才能得到如此厚待。

第17天：为了给员工一个惊喜，请尝试下面的事情：让他们提前半小时下班却不扣薪。给他们一个小时的时间，可以从容地吃午餐。与他们互换任务，任务由他们选择。

第18天：开始奖品之旅！买些有趣的东西作为奖品，一条星形项链或者一条缎带勋章都很合适。把它送给你的一位员工，告诉他们今天为什么要戴上这个奖品，让他们知道自己为何与众不同。记住一点，他们只能戴一个小时。一个小时快结束的时候，他们需要找出另一个与众不同的人，告诉他们原因，然后给他们缎带或奖章，让其也佩戴一小时。这样一整天下来，看最后缎带或奖章落在谁的手里！

**第 19 天**：今天请填好五份"掌声证书"并发出去。要非常具体地说明每个人是如何达到客户体验标准的。

**第 20 天**：与一两位直接下属共进午餐。征求他们对工作的意见，不要有任何一板一眼的限制。了解他们有哪些具体的改进建议，感谢他们的反馈意见和建议。在接下来的一周里，试着至少实践一两个他们的想法，肯定这些想法的价值。

**第 21 天**：给那些真正超越自我的员工写一封感谢信，不要直接交给他们，而是将信寄到他们家里。

---

在纽柯钢铁公司负责工厂运营、维护的主管根据工作小组的生产情况决定员工每周是否获得奖金。奖金金额是根据设备运行情况计算的，如果设备没有运行，则不支付奖金。一般来说，生产奖励的奖金占员工基本工资的 80%~150%。

> 我们的哲学是与追求成功的人分享成功。它使每个人都像老板一样思考，这有助于他们高效办公，并与客户建立长期的关系。
> ——艾米丽·埃里克森，
> 星巴克咖啡公司人力资源副总裁

---

美国按揭贷款公司的每个团队领导手中都有充足的月度预算，当场可以给予员工即时的

表彰和奖励。业绩出众者在每月的例会和晚宴上都会得到表彰，排名前 30 的信贷员每月都会接受首席执行官和总裁在豪华餐厅举办的晚宴上的表彰。每年的总费用加起来超过 100 万美元。

泰姬酒店利用其特别的"感谢与认可系统"将顾客的幸福感与员工奖励联系起来。员工奖励的积分来自三个方面：顾客的称赞、同事的称赞以及他们自己的改进建议。根据积分情况，酒店会在年度庆典上向员工发放各种礼券。

在线博彩巨头 GVD 集团的员工表现负责人朱迪思·施穆克与 Avinity 公司合作，提出了一种全新的员工表现奖励方案。该公司让员工完全管理自己的社交平台，在奖励和认可过程中创造一种更轻松的感觉。每个人都可以获得奖励或认可他人。施穆克说：

我们的平台以非强迫或非虚构的方式将玩游戏的乐趣引入员工的生活，选择接受虽然不同但有回报的挑战，这与我们的价值观相关，在观念和行为上不会导致文化塑造发生改变。

Self Regional Healthcare 这家医疗公司成立了卓越服务团队，其工作重点是庆祝公司所取得的成就，表彰杰出的医生和其他员工，确保病人得到良好的护理。为了庆祝在盖洛普调查中公司的不俗表现以及其他成就，该公司在去年2月赞助了一次社区烟花表演。

为美国联邦政府提供服务的 RIVA Solutions 公司建立了他们的荣誉计划，给同事相互认可的机会。员工、主管、客户和持股人受邀与 RIVA 的优秀员工分享他们的经验。每个月，公司会随机抽取一个名字，被抽到名字的员工会收到一张证书和礼品卡。

领英购买了 3 458 台 iPad mini 送给所有全职员工，以感谢他们的辛勤工作。

> 为员工的行为提供积极、直接和确定的认可，他们就会做你想做的事。
> ——巴尔西·福克斯，
> 马里茨激励公司副总裁

飞利浦北美公司找到了一种方法，让同事们用"致谢徽章"来表达彼此的谢意，致谢次数一周多达5次。

加拿大安大略省巴里市皇家维多利亚医院的员工使用"鱼线"进行点对点认可。"鱼线"其实是一个语音信箱，如果发现某个员工为公司或他人做了有益的事情，可以留下匿名的感谢信息。这些信息记录在便笺上，并附在发送给该员工经理的鱼形丝带上，经理收到后会亲自认可该员工的表现。

> 正面激励不仅有助于提高业绩，对保持良好的业绩也必不可少。
> ——R.W. 雷伯和 G. 凡·格尔德，《监督的行为洞察力》(Behavioral Insights for Supervision) 作者

美高梅大酒店特别活动执行总监贝蒂·盖恩斯·斯奈德在每一次活动结束后都会群发邮件，说明每个人的具体贡献。一位直接下属说："收到贝蒂的邮件给我一种受到重视的感觉。"

# 2

## 职业发展

激发员工潜能的首要因素是员工在组织内能得到发展,但是这一点通常被忽视了。

第二个最重要的因素是职业发展前景,即组织向员工提供的学习、发展和晋升机会。员工需要知道公司经理对他们的发展感兴趣,因此经理必须定期花时间与他们专门讨论,并鼓励其在职业生涯中取得进步,不仅是在职业选择方面,还有每位员工可选择的潜在职业发展道路。

经理需要鼓励员工学习新技能，让他们参与完成特殊任务、制订问题导向计划及其他各种工作任务和活动。除此之外，经理还可以与每位员工一起制定年度学习目标，甚至是具体项目的学习目标，然后就已完成的项目进行汇报总结，讨论学习心得。

发展机会是大多数员工的传统激励因素，因此公司有需求时，经理应该想："谁能从这个机会中收获最多?"有了答案后，再去进一步了解那位员工。我在职业生涯早期就学会了这一课，当时我的第一位经理交给我一项任务，并说："其实，我能比你更快地完成这项任务，但我认为交给你做，你一定会有收获。"

后来，我到美国运通公司工作时，看到了同样的原则在实践中得到了运用。运通公司开发了一种名为"标记和关联"的分派技术，公司所有部门经理都要接受此技术的应用培训。在分派任务时，经理按要求将该任务标记为一个机会，并将其与待分派员工认为重要的事情关联起来。对某些人而言，这可能看起来像是雕虫小技，但它其实是激发员工潜能的本质：员工的需求就是组织的需求。

另一种职业发展途径是为员工提供机会，让他们体验不同的工作角色。例如，3Com 网络公司认为，让那些幕后工作人员，特别是工程师，走出公司去推销产品或拜访客户，更能让他们体会到自己所做工作的价值。技术类工作人员通常收到的是客户第二或第三手的反馈，很少有机会能与客户坐下来直接沟通。与客户直接对话，有助于技术人员更好地完成工作，他们也不会觉得自己什么都不知道只会闷头干活儿，这对他们来说是大有裨益的。此外，他们如果能直接听到客户的积极反馈，那意义就更大了。

目前，许多公司为促进员工发展推出了一系列活动和实践，以最大限度地提高学习效果，激发员工潜能，本章将介绍此类实践活动。

加利福尼亚州旧金山的员工激励策略师戴维·科瓦科维奇说："现在似乎有一种趋势，就是员工希望在工作中接受更大项目带来的挑战，承担更多的工作责任。"一家位于硅谷的技术公司是戴维的客户之一，他们拥有一万多名员工。该公司实施了一项"SCARF"绩效管理策略，试图让员工和经理就职业发展的偏好因素排序达成一致意见，这些因素包括重要性（status）、确定性（certainty）、自主性（autonomy）、相关性（relatedness）和公平性（fairness）五大因素。

通过SCARF策略，经理能够更好地了解员工的个人需求，为他们制定相应的职业发展路线。以重要性为导向的员工希望参与曝光度高的项目，而以确定性为导向的员工希望了解每周工作的新进展和公司的进度报告。

该公司发现，绩效管理方式从"一刀切"到"因人而异"，有助于为员工铺设一条职业发展道路，经理也可以轻松地帮助员工规划好职业发展方向。这样一来，员工晋升空间大了，自愿离职率也大大降低了。

---

软件公司 Full Beaker 每年为每位员工提供 1 500 美元的教育基金，以提高他们的专业能力。该公司搜索引擎优化部门主管沙夫卡特·卡里莫夫说："员工可以将这笔基金用于购买书籍，参加在线课程、专业会议、编码新手训练营等一切可以提高员工技能的事情。"

---

聘请已有清晰职业发展规划的员工不是很好吗？要想让你的员工队伍保持企业家精神，请不要忘记与当地社区学院建立合作伙伴关系。例如，在加利福尼亚州的旧金山湾区，11 个工业部门的雇主就与圣马特奥学院合作，采纳其创立的 EPSIC（电力系统和仪表证书）项目。这些企业包括太平洋天然气与电力公司、旧金山湾区捷运系统、东湾市政工业区、旧金山公用事业管理处、劳伦斯·利弗莫尔实验室、洛克希德·马丁公司、科林研发、西门子、雪佛龙和特斯拉。

> 持续学习可以促使大家每天都找到更好的进步方法。这不单纯是一笔开支，它更是对自我不断进步的投资。
> ——杰克·韦尔奇，
> 通用电气公司前首席执行官

莫琳·E．怀特在位于萨克拉门托的加利福尼亚社区学院校长办公室所属的职业（技术）教育实习区工作。她分享了该州9亿美元的投资所换来的令人振奋的回报：参加EPSIC项目的学员收入提高了81%，92%的学员工资达到地区标准工资水平。EPSIC项目非常成功，因为它是该州唯一提供大规模电力系统实践培训的项目之一。几年前，该学院把原46个单元的课程精简为19个单元，并将学徒制度贯穿其中，还为教师提供了校外实践的机会，以便他们了解最新的业务需求。学院课程由国际自动化学会审查。此外，学院的设施也开始彻底重建，以期能够提供最先进的设备。学员完成该项目中的学徒阶段后，工资能达到7万美元，并迅速进阶到职业化水平，三年后工资便能达到9万美元。

营销软件初创公司Hubspot和World Wide Tech也为员工提供了多样化的培训项目，帮助他们在职业发展道路上不断取得进步。

## 案例研究：
## 货运/卡车运输业的培训

培训是一种有针对性的、非常好的发展形式，公司应该充分利用这一形式。位于北卡罗来纳州沃伦顿市的 TTT 运输公司是 CRST 国际货运公司旗下的分公司。该公司已上市，年收入达 2.75 亿美元。杰克逊咨询集团的首席运营官特伦斯·杰克逊博士分享了自己是怎样为 TTT 的主要高管提供指导的。

杰克逊博士与公司首席执行官一起选定了三名高级经理作为公司未来的行政领导来培养，并承诺提供必要的资源，帮助他们获得提升能力所需的技能。通过分析，公司专门为这三名高级经理设计了一对一的培训流程，针对他们的优势和不足对症下药。培训内容主要包括领导力、执行力、战略规划和业务开发。

结果，这三人都在个人职业发展方面取得了巨大进步。后来，三人都晋升为公司的行政领导。

公司干预的案例还有：

- → 1 号员工负责整个部门的业务。首席执行官对于她在 8 个月内收入翻倍感到震惊。
- → 2 号员工撰写了自己的个人职业发展战略计划，计算了投资回报率，并向首席执行官自荐，表明她希望在公司担任某一特定职位。随后，她就助力公司实现了营业额翻番，对客户维系和公司发展做出了巨大贡献。

→ 3号员工当时只有25岁，正对自己的职业定位感到困惑，接受培训后，他豁然开朗。现在，这位员工负责管理该公司最大的一个部门。

通过这次培训干预，公司的领导力得到了加强，公司得以从低迷的经济中复苏，现在正按计划实现更高的财务目标。

---

软件开发服务公司 Belatrix 的每位员工每年都要接受 120 小时以上的正式培训。Belatrix 是科技行业中员工离职率最低的企业之一，平均不到 12%，部分原因就在于公司关注员工的职业发展。

---

Credit Karma 是一家信用评分聚合查询机构，有 500 多名员工（约占公司总数的 80%）参加了 9 月~11 月举办的培训课程。该课程由其他员工主讲，包括高级工程师针对非工程师员工开设的"编程入门"课程，联合创始人兼

> 我们相信绝大多数人除了工作能力之外，还有很多其他更强的能力可以展示。
> ——怡安翰威特公司的经营哲学理论

首席营收官尼科尔·马斯塔德教授的"商务谈判"课程，以及首席产品官尼基尔·辛加尔领衔主讲的管理类课程。Credit Karma 人

才发展负责人林赛·卡普兰表示，Credit Karma 大学不仅仅是一个举办午餐交流会的地方，"这里还提供辅导计划，因此和其他地方相比，我们的员工在 Credit Karma 能得到更快的发展"。

波音公司为其超过 15 万名员工提供内容广泛的职业指导和领导力培训项目。在其中一个项目中，高级经理与多名实习生和新员工配对，帮助他们确定自己的职业发展目标和公司内各部门的发展计划。多元化是一对一学习项目的重点，在这类项目中，具有不同背景的同事会面，分享各自的观点，学习基本的技能。波音领导力培训中心让现任领导者和极具潜力的员工一对一结成对子，由领导者帮助员工提高人际交往能力。

零售巨头沃尔玛也非常重视职业发展，沃尔玛学院现在是美国最大的雇主培训项目之一。沃尔玛正在重塑其品牌形象。现在沃尔玛更多关注的是员工的需求、小城镇的需求以及面临经济下行考验的城市的需求，为此他们已经在培训项目中投入了 27 亿美元，并为 100 万名店员涨了工资。近年来，超过 15 万名商店主管和部门经理完成了为期数周的培训。这些课程教授商品推销和员工激励技巧。经理们还学习了如何在个人层面更好地了解员工。

另有 38 万名新进员工参加了一项名为 Pathways 的单独培训计划。这些员工中的大多数人在完成课程后，时薪能增加 1 美元。Pathways 教授零售的数学技巧，这是员工在整理货架和操作收银机时的必备技能。沃尔玛学院是专为经验丰富的主管和经理开设的，课程内容侧重于部门的细微管理，哪怕是制作损益表这样的小事情。

令沃尔玛特别自豪的一件事是：一名员工最初是沃尔玛门店的门卫，时薪 7.5 美元。两年后，他晋升为肉类销售部门经理，时薪提高到了 15 美元，而且这位员工的前主管还推荐他加入门店经理助理计划。参加该计划的员工有机会在未来担任门店经理，而门店经理的平均年薪高达 17 万美元。

沃尔玛首席执行官道格·麦克米隆预测，在沃尔玛门店工作的销售人员会慢慢减少。但他表示："他们会得到更高的报酬，接受更好的培训。"结果显示，和没有参加培训的经理们相比，参加过培训的经理的员工留任率更高，那些向领导汇报工作的员工在公司任职时间更长，完成新培训计划的初级员工更有可能留下来。

沃尔玛、百思买、塔吉特、麦当劳和布鲁明戴尔百货店分析了如何通过不断变换工作角色来适应消费者最新的购买偏好。沃尔玛的培训计划旨在确保员工能够胜任新岗位，并致力于全心全意为客户服务。

在招聘和人才管理平台Hireology，有两名员工在4年时间内晋升了10次。每次晋升都意味着他们有了新的头衔、更多的责任、更高的薪水和更好的机会。这个例子表明了Hireology平台的职场规则，而且这并不是个例。公司积极鼓励员工对自己的职业发展负责。

其现任执行团队经理乔安妮·邓伯格曾获得4次晋升，她说：

从2014年起，我就担任销售开发经理。我每天差不多要打100个电话，但是得到的都是冷漠的回复，我只是希望能够联系到能帮助我的人，希望他可以为我的客户经理做个演示。就这样，我坚持了4个月。那时，Hireology为客户代表设立了一个新职位。在他们问我是否要接受这一职位时，我同意了。

首席运营官朱莉·罗杰斯给我提供了很好的建议。她说升职的方法是把现在的工作做好，然后思考下一个目标是什么，接着去帮助那些处于你目标职位的人，让他们更轻松地工作。我听取了她的建议，把每一项工作都做到最好，然后根据公司的发展需求，对自己提出新的要求。后来我所做的工作都是全新的，都是之前从来没有做过的。

> 我们的职责之一是确保员工不论在公司里还是公司外，都能学到工作技能和经验，不断取得进步。
> ——约翰·克罗尔，
> 杜邦公司首席执行官

Investopedia公司提供有关教育和金融信息的在线资源。

这家公司每两周举办一次"午餐交流会",通常由公司领导主持,但初级员工也有很多机会负责主持,这样做的目的就是鼓励每个人体验领导角色,并传授自己的专业知识。

在过去的10年中,海军联邦信用社为该组织的高层管理团队提供工作轮换机会。每次轮换持续9个月,通过竞争,其首席运营官从申请者中选出了20人。在轮换过程中,这些经理有时候在分支机构和呼叫中心进行实际操作,有时候在教室学习。根据海军联邦信用社的说法,通过工作轮换,有助于这些高层管理人员在公司内部培养人才,参与者也能获得真正意义上的成就感。

位于德国哈尔贝格莫斯市的计算机网络子公司——思科系统股份有限公司通过确保员工获得重要的教育、经验和曝光度,来实现其业务增长、团队发展和员工个人成长。

香港贸易发展局每年为其800名员工提供100多门不同种类的线下课程,通过其网络学习平台提供另外43门线上课程。其中一门课程名为"员工培训和工作改进",它允许员工自由设定职业发展目标,与此同时,提高自己的业绩和工作效率。上课时间根据员工个人情况设置为三天至两周,涵盖七大领域的培训,包括核心竞争力培训、外部研讨会和会议、职能培训和继续教育等。

## 评估高潜力员工

根据企业领导委员会的标准,评估高潜力员工需要看三个方面:

→ **能力**:这是显而易见的。要想在更加重要的职位中表现出色,员工必须具备智力、技术和情感三个方面的技能(包括先天因素和后天习得),以应对日益复杂的挑战。

→ **敬业度**:与敬业度同等重要的还有员工对公司及其使命的责任感和奉献精神。敬业度不应被看作理所应当的事情,但仅仅问员工对工作是否满意是远远不够的。相反,公司要问员工一个更有价值的问题:"你为什么要跳槽去另一家公司?"这样就能让员工描述他们心目中的理想工作,进而了解目前公司哪些方面做得不好,需要改进。

→ **期望值**:员工对于认可、晋升和未来奖励的渴望,员工个人预期与公司回报是否相符,这些都极难衡量。要直截了当地询问他们的预期目标和期望薪水等尖锐问题:你希望在公司晋升到什么职位?希望多久实现这个目标?什么程度的员工认可度是最佳的?你期望的薪水是多少?等等。

上述三个方面哪怕有一个方面做得不好,都会大大降低潜力员工最终获得成功的概率。看错一个人付出的代价会很大，例如，你可能在某位明星员工身上投入了大量的金钱和时间，但是当你指望他牵头某个项目或者解决某个问题时，他又选择了跳槽。

AMN医疗保健服务公司根据这三个方面，制定了公司的年度人才评估流程。每年，当管理层起草继任计划书时，他们会与200多名积极进取的员工面谈。管理层可以通过访谈结果衡量每位员工的期望值和敬业度，然后，结合每位经理对员工能力的评估，公司就能对员工的工作能力有全面的了解。

医疗卫生保健品及消费者护理产品公司强生的管理层会选择他们认为在未来三年内可以接管一项业务（或更大业务）的高潜力员工，参与公司的"LeAD"发展项目。该项目持续9个月，在此期间，公司从外面聘请的一批教练会给参与者提供建议并定期对其评估。每个参与者都必须开发一个有前景的项目，如开发某种新产品、提供某项新服务或开创新的商业模式，旨在为个人创造人生价值。每位候选人是否取得进步都会在中国、印度或巴西等新兴市场举行的领导层会议期间进行评估，使他们对公司全球化运营更加了解。参与者在完成该项目后，要对自己未来几年的职业发展进行规划，公司人力资源部的高管也会进行定期审查，以进一步调整人员安排，实现更好发展。强生公司的管理层认为，LeAD项目促进了员工的职业发展。在完成该项目的三年内，LeAD的参与者中有超过半数的人都晋升到了更高层的职位。

宝洁公司的家庭护理部门是该公司的旗舰部门，该部门设立了一系列难度高、影响力大的职位（例如，"明星产品品牌经理"或"新区域营销总监"等），给那些有潜力的候选领导者提供学习机会，帮助他们迅速成长。部门经理将这些关键职位戏称为"熔炉角色"，通过协同努力，确保这些职位由高潜力员工接任的占比达90%。候选人必须通过三个环节的筛选：（1）要想在关键职位上表现良好，需要有足够的资历；（2）一流的领导才能；（3）有一定的发展空间，可以在重要岗位上取得进步。有了这一流程，有资格获得晋升的员工所占比例大大提高：在宝洁，每年有超过80%的高潜力员工都做好了担任重要领导角色的准备——当领导职位出现空缺时，该公司的储备人才随时可以补充，宝洁因此拥有巨大的人才优势。

> 公司要始终相信每位员工都希望把工作做得更好，并在工作中得到成长。
>
> ——史蒂夫·法勒，
> 温蒂国际高级副总裁

毫无疑问，员工的发展往往来自他们正在做的工作、必须克服的挑战和必须掌握的新技能。礼来公司是位于印第安纳波利斯市的制药巨头，该公司会为MBA（工商管理硕士）应届毕业生提供相应的学习和发展机会：他们的董事长兼首席执行官李励达描述了公司培养领导力的方法：2/3来自工作经验，1/3来自指导和训练，还有少量的课堂培训。

礼来公司找到了一种独特的方式，即让管理者保持职位不变，去参与、完成不同的工作任务。具体而言，就是公司保留管理者现有职位的同时，为他们安排兴趣之外或专业领域之外的短期工作任务。礼来公司认为，管理人员无须改变职场，也不必在其他地方长期任职就能够扩展他们的职业技能，加深对公司的了解，管理者们也很高兴能有这样的机会。

在日本电子公司爱普生，员工可以接受"高管实习"。通过这种方式，员工可以与公司不同级别的高管一起工作一段时间，学习他们是如何安排时间、做出决策的，然后再回到自己原来的岗位。这种做法可以帮助员工明确自己所在的岗位和公司的远大目标之间的关联。

> 训练有素、富有敬业精神的员工是保持竞争力唯一的可持续资源。
>
> ——罗伯特·莱奇，
> 美国前劳工部部长

美国联合包裹运送服务公司把员工发展视为所有管理人员的主要管理职责，管理人员要与每位直接下属合作，制订具体的职业发展计划。

威斯康星州的道奇维尔市有一家名为"天涯海角"的邮购公司，任何要求调到其他部门工作的员工都会被安排到该部门工作两周，之后他们可以选择是否永久调岗。

在北卡罗来纳州夏洛特市的杜克能源公司，薪酬水平相近的专业员工可以互换职位。这些策略有助于留住那些想跳槽的员工。

飞利浦电子前执行副总裁兼联合首席运营官柯慈雷在旅行时会优先安排三件事：与当地公司管理层会谈、会见重要客户、与高潜力管理者共进午餐。

> 我们不能心软。我们要选择受过良好教育的高素质员工。
> ——乔治·大卫，
> 联合技术公司首席执行官

太阳微系统公司曾对其1 000名员工进行了一项为期5年的研究，结果显示，接受培训的员工中，有25%的人获得了加薪，而未接受培训的对照组中，加薪的人只有 5%。此外，接受过培训的员工，工资提升额比未接受培训的员工高出了 6 倍。

圣保罗市的大自然化妆品公司是巴西最大的化妆品公司，该公司确定最具潜力的团队负责人后，会指派他们跟随一位公司高管进行 3~6 个月的学习。

位于芬兰埃斯波市的移动电话制造商诺基亚公司不会专门挑选某个人来作为领导者培养，相反，该公司专注于培养领导者团队，培养他们的人际沟通和共识决策能力。

康涅狄格州费尔菲尔德市的通用电气公司为了提高对公司员工领导力培训的效率，现在的培训对象变为整个员工团队，而不是单独的个人。公司董事长及前首席执行官杰夫·伊梅尔特认为，这种方法在很大程度上决定了员工会把多少学到的东西运用到工作中。伊梅尔特说："我在通用电气接受的大部分培训都是针对个人的。但我能运用的只有所学知识的 60%，因为我还需要从我的领导、同事那里获得帮助，以填补剩下的技能空缺。"伊梅尔特对培训对象从个人转化成团体评论道："我们没有理由不这样做。"

食品生产商通用磨坊将在非营利性董事会的服务经历作为其

发展计划的一部分。该公司认为，这种服务经历是培养员工领导能力的良好途径。

美国两家顶级公司的首席执行官都会亲自监督其公司内具有潜力的员工的工作。通用电气董事长兼首席执行官杰夫·伊梅尔特也会密切关注公司前600名优秀管理者的发展情况。而麦当劳首席执行官吉姆·斯金纳则会定期梳理公司前200名优秀管理者的发展情况。

罗克韦尔柯林斯公司的总部设在艾奥瓦州的锡达拉皮兹市，其致力于国防和航空电子产品研发。该公司通过网络项目，为高绩效员工挑选导师。

家居装饰连锁企业家得宝实施了产品知识认知计划，以此激发员工学习公司产品详细信息的兴趣。家得宝公司的每个部门，如电气或管道销售部门，都有自己的销售指南，其中包含跟产品相关的100多个问题。要想成为某个部门的专业人士，获得"产品知识通"的徽章，员工就必须正确回答这些问题。新员工要想成

> 培训至关重要。我们相信教育是我们赖以生存的基石。
> ——安妮塔·罗迪克，
> 美体小铺首席执行官

为部门产品知识专家,需要 90 天的时间,不过到时,他们的基本工资也会相应提高。在成为自己部门的产品专家后,家得宝会提供额外的财务激励措施,鼓励员工熟练掌握其他部门的产品,从而再次获得"产品知识通"徽章。

IBM(国际商用机器公司)设有三种不同的培训计划:专家指导、职业指导以及针对新员工的社会化指导。

高端度假胜地腓尼基度假酒店位于亚利桑那州的斯科茨代尔市。该公司鼓励员工通过交叉培训成为专业的葡萄酒品酒师。根据最新的统计数据,腓尼基度假酒店的员工中有 50 多人通过了品酒大师协会的国际品酒师入门考试,其中包括泳池救生员、会计师和前台服务员,葡萄酒销售团队之外的员工参与度明显提升,度假村中葡萄酒的售价和销量也有所上涨。腓尼基度假酒店的葡萄酒销售总监肖恩·马龙说:"我们一直致力于让顾客在泳池边就可以品尝到更多的顶级香槟,现在我们的产品已经供不应求了,水晶香槟都没货了。"

美林房地产公司位于纽约州怀特普莱恩斯市,该公司的搬迁管理部门将其内部培训计划分为两部分:针对新员工的培训和针对老员工的培训。在正常工作时间内,新员工要接受关于房地产和搬迁领域的各项工作任务的培训，时长达40个小时。而老员工接受的培训旨在帮助他们在公司中获得进一步晋升。除了大量的正式课堂培训，美林房地产公司搬迁管理部门还对员工进行在职培训，将新老员工两两搭档，以加快培训进度。

> 我认为，一名员工要想在职业生涯中取得进步，就要设定个人职业发展目标，充分利用公司提供的培训机会。个人职业发展规划也包括对公司发展目标的认识，如果你打算长期留在这家公司并且获得晋升，就更需要了解公司的发展目标。
>
> ——黛布拉·邓拉普，
> D&D室内装饰

## 促进员工发展的五大理念

哈曼国际工业公司首席执行官西德尼·哈曼分享了他对员工职业发展的看法：

→ 在对员工进行培训前，领导者要抽空和员工聊聊其希望员工能从培训中学到什么。员工培训结束后，再和他们谈谈，了解他们的培训收获，以及在以后的工作中如何运用这些新知识。

→ 召集员工在研讨会或者公司会议上分享自己的所学内容。

→ 为每位员工制订个人发展计划，详细列举其想要学习的技能和可获得发展的机会，包括他下次可能担任的岗位。

→ 允许员工选择自己想参加的培训课程。

→ 鼓励他们往更高层次发展。

我坚信能做到这些的领导者一定能够为公司带来辉煌的工作成果。如果工厂的工人有机会提升自己的工作技能，获得晋升机会，工作也很有保障，那么他们所能做出的业绩将会超出你的想象。

位于加拿大魁北克省凡尔登市的黄页集团是加拿大最大的电子和印刷电话簿出版商。该公司每年为员工提供 2 000 美元的外部课程学费补贴。

家庭州立银行位于科罗拉多州的拉夫兰市，该银行的一名员工想要开一家自己的珠宝店，负责人力资源的经理鼓励她把自己在银行的工作当作培训机会，这样有朝一日自己做生意时，就能用上现在所学的技能。这位员工之前对工作的态度是"这不是我想待的地方"，后来就转变为"我现在学习的这些技能是将来实现自己开店当老板这一长远目标所必备的"。家庭州立银行对员工的职业规划持开放态度，无论这些规划与公司发展是否相关。这不仅提高了员工士气，而且公司员工流失率只有行业平均水平的一半。

> 教育是意识和行动之间的重要桥梁，它为员工提供了实现目标所需的具体工具和技术。
> ——百特医疗保健服务公司的高质量领导力指南

科罗拉多州的格林伍德村有一家休闲连锁餐厅，叫红罗宾美味汉堡。这家餐饮店的运营体系已经很成熟了，很显然，想要在此基础上再提高是有难度的。于是，该餐厅的高级副总裁兼首席知识官迈克尔·伍兹决定让公司的副总裁们参加六西格玛培训。这些副总裁之前都没有负责过公司的运营工作。培训结束后，伍兹通过一个项目来测试他们的六西格玛技能。这个项目是关于处理奶昔配送问题的，顾客从点单到拿到奶昔，用时超过4分钟。最初，接受测试的副总裁们向专家咨询意见。一位专家说，问题在于奶昔机，机器的容量无法满足客户的需求。另一位专家说，是奶昔机的芯轴数量不够。第三位专家则认为原因在于高峰时段店员短缺。于是副总裁们采用六西格玛监测整个过程中的每个步骤，从接到订单开始至奶昔送到顾客手上。经过数据分析，他们发现问题不是奶昔制作得不够快，而是奶昔制作完成后，没有人负责把它们送到顾客手中。在对接单系统进行了一些小的改进后，红罗宾的奶昔配送准点率从32%提高到了76%。

意大利马拉内罗的汽车制造商法拉利公司对员工进行的知识培训，以旅行和探索为主题，涵盖了从计算机、语言技能到技术培训各方面的内容。具体的培训内容因人而异：马可·波罗负责对工人进行培训；查尔斯·林德伯格负责对公司经理进行培训；尼尔·阿姆斯特朗则对团队负责人进行长期培训。法拉利公司会举办会议，注重为员工讲解公司的光辉成长史，通过以"你了解你的公司吗？""走进法拉利的历史"等为主题的多媒体展示方式，员工能够更方便地参与进来。活动结束后，大家共进晚餐，一起探

> 我认为，企业越发明白，拥有一支经过培训、受过良好教育、掌握正确技能的员工队伍至关重要，它可以确保公司始终保持强大的竞争力。
>
> ——史蒂文·拉特纳，
> 拉扎德投资银行总裁

索如何创新。该公司的创意俱乐部还以员工会议的形式邀请艺术家、演员和厨师等人参加，目的是培养员工的创造力和创新精神。

位于纽约市的金融服务公司花旗集团创立了流动计划，以便更好地识别和利用其庞大的内部人才库。流动计划将公司18个不同的职位发布网站整合成一个全球性的职位发布网站，这样一来，员工能够更便捷地在网站内搜索公司的空缺职位。该计划还制定了一套流动准则，规定了员工调任不同岗位的标准，并为员工提供了更有效的职业发展工具。

位于得克萨斯州圣安东尼奥市的瓦莱罗能源公司是美国最大的独立炼油厂。该公司通过实施加速发展计划，使大有前途的初级员工能够快速晋升到管理岗位。公司会为选定的员工分配一个导师，他们要接受专门培训，以确保老员工在退休或升职时，新员工能肩负重任。再加上大规模的校园招聘计划，公司能够为年轻员工提供一条通往高级管理层的职业道路。有了这样一条清晰的职业发展道路，他们在工作中就会有很高的积极性和敬业度。

默克制药公司位于新泽西州怀特豪斯站，其位于英国的子公司默沙东利用人才管理车轮计划，为公司培养未来的领导者。通过该计划，管理层会获得一份公司未来领导者的十人名单，管理层要负责为他们提供发展机会。

纽约州大颈岛北岸的长岛犹太医疗保健系统公司鼓励各级员工提高自己的职业技能。近年来，该公司在员工培训和学费报销方面的投入高达 1 000 万美元，有力地推动了这一进程。结果，公司员工当年的留任率提高到了 96%，患者满意度不断上升，且之前做管家或秘书的员工晋升为外科团队技术人员的例子屡见不鲜。

线上游戏公司 World Golf Tour 为每一位员工都分配了一位高级经理，经理负责在员工周会期间对员工进行指导。

每隔三个月，家庭州立银行的人力资源部门就会向所有员工发送一封电子邮件，询问他们是否在工作中陷入困境，或是否想学习新的工作技能。银行培训专家或人力资源专家会对承认遇到困难的员工进行专门走访，以评估其职业现状，确定培训课程。

在得克萨斯州休斯敦市的FKP建筑师事务所，员工通过"我的委托人项目"与公司委托人搭档。委托人帮助搭档的员工实现职业发展，他们也会一起讨论期望工资和晋升机会。

位于杜塞尔多夫市的德国工业及钢铁公司蒂森克虏伯股份公司认识到，从外面招聘员工可以向初级员工传达强烈的信号：公司内部缺乏成长机会。于是蒂森克虏伯设计了几个严格的流程，以确保有发展前景的初级员工时刻准备好承担更大的责任。为了确保部门间保持透明和一致，公司阐述了7项关键的管理能力。随后，他们又制定了标准化的评估程序。此外，该公司还为300名最优秀的经理人设立了一个集中安置流程。这一流程促进了公司内5个业务部门之间的人员互相流动，同时也有助于公司领导者的个人发展。

> 生活就是学习自助的过程，生活也是更好地为他人服务，所以我们有很多要学习的东西。
> ——程正昌，
> 熊猫快餐创始人兼首席执行官

在比弗布鲁克珠宝有限公司，几乎所有的经理和助理经理都不是从外面招聘的，而是公司内部晋升的。

计算机网络子公司思科系统股份有限公司创建了各种员工信息网络，这样一来，那些代表性不足、常被忽略的团队也能获得晋升机会。这些网络类型包括女性专用网络、思科黑人员工网络，同性恋/双性恋/变性人资源群组以及专为拉丁裔员工创立的Conexión网络。

在抵押贷款公司Quicken Loans，员工的职业继续教育费用可全额报销，员工子女也可以获得奖学金。

一些公司将员工发展看作重中之重。航运业巨头马士基将其员工派驻海外三年，参加课程学习，以了解更多有关全球航运业的知识。

货柜商店（The Container Store）将员工是否参加培训作为员工留任的一大依据。新员工在入职第一年要接受长达185个小时的培训。业内还没有哪家公司能提供这么多的培训。

> 我不希望员工在公司被动地接受领导，我希望他们能积极地参与领导，这意味着给他们指明了一条有建设性的职业化道路。我认为管理层不应该只是在一旁喊喊口号而已。
>
> ——杰克·斯塔克，SRC公司首席执行官

货柜商店依据员工对公司做出的贡献大小发放工资，和员

> 你可以而且应该塑造自己的未来。如果你不这样做，其他人就会掌握你的命运。
>
> ——乔尔·巴克，
> 《范式：发现未来的事业》（*Paradigms: The Business of Discovering the Future*）作者

的职位高低没有多大关系。因此，非管理岗位的员工可能与管理岗位的员工收入相当。费尔南多·拉莫斯担任经理已有三年，他一开始做的就是销售，不过他更想做现场销售，因此，公司专门为他设立了一个新的销售和培训岗位。拉莫斯说："只要有新店开张我都会参加，向新员工们介绍我是如何爱上现场销售这一行的。"

Razorfish 的高管注意到了一个令人不安的趋势。在离职面谈中，辞职员工会抱怨自己离开的主要原因是他们看不到职业发展的机会。2010 年 9 月，该公司的发展总监迪·费舍尔和她的同事发起了公司第一个年度职业月活动。活动期间，员工可以与思想领袖沟通交流，获得职业相关的学习机会，了解交叉学科网络和 CareerLab 在线门户网站。费舍尔说："我们希望公司的员工能够掌控自己的职业发展道路。"

瞻博网络是一家高速交换路由器制造商，他们发现公司太多员工有离职意向。在离职面谈中，公司了解到，员工离职是因为他们想要提高工作能力，获得职业发展。负责领导力和组织效能的高级主管史蒂夫·多兰说：

我们修改了公司的职业架构，现在员工有了两个职业发展选择：行政管理岗或者专业技术岗。

瞻博网络对其管理人员进行培训，支持他们自己选择职业发展路径。公司还首次开设了课程，教授管理人员如何开发更多技能，以便与同事交流自己的职业发展。经理会定期与直接下属会面，讨论其职业发展期望。

## 案例研究：
## 将发展理念付诸实践

"过去20年，在激发员工潜能方面，我最喜欢的这个例子非常简单：让员工自由地去完成任务或为他们热衷的事情提供培训，即使这些与他们目前的工作并不完全相关。"加拿大温哥华的mschneiderONE公司首席执行官迈克·施耐德这样表示。迈克担任商业顾问已有20多年，主要提供信息技术战略、客户满意度、用户体验、领导力培训和职业发展经验等方面的咨询。他还是一名通过马歇尔·戈德史密斯博士认证的，以股东利益为中心的高管教练。

以下是把这种哲学付诸实践的几个例子：

大约10年前，我发现了一名很有潜力的员工，我知道他的技能对正在物色人才的公司来说也是很有吸引力的。我不想失去这名员工。我需要想办法把他留下来，让他不再有跳槽的想法。他当时是前台级别最低的一级接待员，所以加薪并不是个可行的方法。

通过单独跟他聊天，我知道他对编程很感兴趣，所以我想出了一个双赢计划。当时我们正在给公司减负，砍掉一些不必要的重复性工作。我向他提供了他需要的编程工具，并问他是否有兴趣编写一个程序，以减少前台工作人员的工作量。惊讶之余，他显得很激动，因为我给了他一个机会，让他可以做自己喜欢的事情，而不是过着单调乏味的日子。

他不仅高兴地接手了这项任务，而且手上的日常工作也没有落下，更重要的是，他是在工作时间之外完成编程的。（这不是我强求的，而是他自己的决定。）这位员工又接着编写了许多其他程序，为团队节省了大量时间，为公司节省了数千美元的工时费。他很快就晋升为前台高级接待员，然后又成了团队负责人，接着又晋升为经理，现在已经是我们公司的高管了。我相信，给他机会运用工作以外的技能为团队提供帮助，参与公司事务，是他获得晋升的一个很重要的因素。

另一个是关于一位员工想要参加项目管理课程的例子。项目管理不属于他的工作内容，但这位员工对项目管理这一领域充满热情，他希望自己将来能成为项目经理。

于是，我出钱让他去参加了职业认证课程，与此同时，一个北美区域的大项目正好也来了。我需要有人带领我的团队做这个项目，这也是给员工锻炼新技能的机会。事实证明，这名员工对该领域有极大热情，因此他领悟得很快，最终代表加拿大分公司的整个信息技术部门参加了这一项目。该项目取得了重大成功，这名员工也在公司迅速升了职。

我坚信，无论员工身居何职，让他们利用已有技能，或给他们机会学习其感兴趣的新技能，可以让公司受益。不过更重要的是，员工在这一过程中能获得成长，不仅会忠于公司，也会成为公司宝贵的财富。这也能让员工充满激情，始终参与公司事务，积极地为公司做贡献。

Techmetals 是俄亥俄州代顿市的一家小型金属电镀公司。该公司 80 名员工不是各自为政，而是讲求团队协作，从工厂规划、日程安排到货物交付，公司全体员工都参与决策。

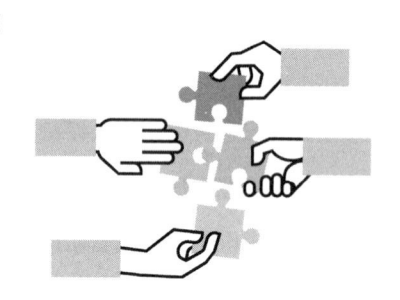

哈佛商业出版社位于波士顿，该公司的产品管理高级主管是戴安娜·贝尔彻。每次集体会议过后，戴安娜都会要求团队成员分享自己在会议中的收获。更重要的是，她让员工分享学习是如何帮助自己在职业生涯中取得进步的，以及他们是如何提高客户服务的质量的。

Norse 是一家软设施管理公司，该公司最初创建了一个学习计划，旨在提高一线工人的识字率和计算能力。这一计划非常成功，Norse 继而创立了一个培训学院，以帮助员工获得职业发展。人力资源总监特里西娅·富勒表示，加强员工与经理之间的心理认同非常重要，这样一来，员工会感到自己的价值得到了认可，并且相信在公司会有光明的发展前景。

微软印度公司试图为其所有员工提供机会，让他们体验各种工作角色，例如销售、营销、业务流程外包、软件开发及调研岗位。

泰姬酒店建立了潜力评估中心，以确保员工获得职业发展。评估中心与管理者一道挑选出工作表现突出的员工，让他们接受小型 MBA 课程的密集训练，培训他们在工作领域之外的技能，为将来担任管理岗位做好准备。泰姬酒店还通过职业发展委员会为管理人员提供机会，为他们晋升到更高级别的职位做准备。

在意识到多达 25% 的员工没能接受高等教育之后，许多印度业务流程外包公司（为美国公司提供外包服务），如 Wipro Spectramind 和 TransWorks 与教育机构建立了合作关系，设计了满足行业需求的课程，该课程允许员工半工半读。这一举措为公司建立了更高层次的人才库。

酒店管理公司温格纳海蒙给员工提供培训和实习机会，帮助他们实现职业发展目标。该公司还致力于从内部提拔合格的候选人。

在塔塔咨询服务公司，员工有机会在不同部门工作，同时利用不同技术与不同团队合作，以便更深入地了解公司和行业的各个方面。人力资源总监努普尔·马利克表示，员工总是在不断地学习和体验新事物，最终成长为技能型新人才。

荷兰玛氏公司的一位员工对其公司的职业发展道路做了说明：

> 我们想要告诉员工的是，他们要对自己的职业发展负责，但公司会帮助他们找出最适合自己的途径。
> ——阿德尔·迪吉奥，
> 苹果公司员工关系总监

"玛氏公司为企业中的每位员工提供成长机会。每年，我们都有机会提升自己的技能，为自己在公司内取得进步做准备。就职业发展而言，在玛氏一切都有可能：不管是横向的、纵向的，还是跨团队、跨领域、跨部门的，所有举措都得到了管理层的大力支持。"

谷歌已承诺为"与谷歌一同成长"项目投资10亿美元，该项目能够让那些因人工智能技术而失业的人再次获得培训的机会。谷歌为安卓和网络开发提供了5万个优达学城奖学金名额，不论是新手还是经验丰富的开发者都可以申请。为了让120万人在3年内再次接受培训，该公司加入了美国善念机构。

欧文斯医疗保健服务公司为员工提供机会，让他们向同事跟踪学习半天时间。该计划旨在让那些有意交换岗位的员工有机会了解公司其他岗位的实际情况。

> 问员工他们想做什么。公司为员工提供了很多机会，当我们把员工安排在合适的岗位时，结果也令人欣喜。
>
> ——谢丽尔·海沃登，
> 欧迪特公司顾问

位于圣迭戈市的 Let's Play Sports 公司员工每周五都有机会与高管会面，讨论工商管理方面的内容。具备一定资历的员工可以得到高管培训师的指导。为提高员工的领导能力，公司每年还召开培训年会。

总部位于英国的情报公司 Norse 集团，任何经理都可以要求与集团人力资源总监会面，要求他们对员工个人发展提供培训和支持。一线员工也有机会接受额外培训。Norse 拥有自己的培训学院，为员工的职业发展、健康安全以及降低公司的人力成本提供支持。这些举措都让人看到了公司光明的前景。员工在公司感觉自己更受重视了，同时也看到了明朗的发展前景。

领英为了给其员工提供职业发展指导，制订了一个名为"[in]cubator"的全球职位轮换计划，这是一个创意孵化器。1年中，任何人或任何团队有 4 次机会向执行管理层提出关于产品的创意提案，唯一的规定是提案必须满足客户或同事的需求。一旦提案获得批准，该员工或团队就能分配到一名项目执行导师，他们可以有最多不超过3个月的时间来专门推进这一项目。

---

为了帮助员工更多地了解公司产品，位于纽约州罗切斯特市的韦格曼斯超市为员工提供弹性工作制、分配特殊任务、安排环球旅行并设立大学奖学金。该公司还致力于从公司内部提拔员工，公司2/3的职位空缺都由现有员工填补。结果，公司员工流失率下降到了4%，而整个行业的员工流失率为100%。

---

与其他同类超市的员工相比，美国全食超市的员工可以更自由地规划自己的职业发展道路。为了提高员工对职业选择的认识，全食超市公示了所有晋升机会和新岗位。公司还鼓励员工自由选择工作搭档。公司统计数据显示，管理层岗位中，有90%的任职者都是从公司内部晋升的。

> 根据创意领导中心发布的报告，5项关键的行业经历可以促进员工的职业发展：
> ★ 工作挑战。
> ★ 与人共事（主要是和老板）。
> ★ 经受磨难。
> ★ 课程学习。
> ★ 业余生活。

---

位于纽约市的德勤会计师事务所为新员工设立了"未来

领导者学徒"计划。该计划旨在帮助员工规划他们的未来,进一步发展他们需要的基本技能。

---

位于沙特阿拉伯利雅得市的沙特电信公司每年将25%的员工轮换到不同岗位。

---

在户外用品公司REI,调查显示:技能培养对于二十几岁的员工来说非常重要,而年长的员工则希望获得明确的职业发展机会。为了满足员工对不同职业发展的期望,REI不再仅仅依靠在职培训,还为员工提供正式的管理培训和发展课程。结果显示,其员工流动成本低于零售业平均水平。

在REI的总部和华盛顿州肯特市的配送中心,其培训和开发团队每月都会向各个部门发放业务相关书籍和其他书籍。"书香传承"(Pass It Forward)阅读计划让员工可以轻松且免费地阅读经典商业书籍和最新畅销书,并从中汲取灵感。

---

英国飞行中心是一家总部位于英国莫尔登市的旅行社,在提拔公司员工这一点上,公司说到做到。其总经理克里斯·格兰迪说:"公司的6位董事中,有4位是最初在我们的门店里担任旅游顾问的员工。这表明我们的员工有晋升机会并不只是说说而已,这也是我们公司生存发展的根本。"

# 3

# 直属经理

大多数经理把所有时间都用在处理紧急事情上,而没有时间去关注真正重要的人——他们的员工。

盖洛普公司的大量研究表明:影响员工潜能最为重要的变量包括员工的直属经理以及构成员工和直属经理两者间关系的方方面面。经理在管理下属的过程中所做的所有事,以及没做的所有事都会对员工潜能产生影响。只要稍微想想在职业生涯中所遇到过的最好的经理,人们便会迅速意识到经理的一言一行对员工来说多么重要。员工是否感觉得到支持，是否热爱工作，都与他们的经理有很大关系。经理是否花时间去了解员工，让他们提问题，征求他们的意见，倾听他们的诉求，并感谢他们做出的贡献？如果是这样，员工在为该经理和组织工作时就更有可能觉得自己受到信任、尊重和重视。

花时间了解员工对于建立牢固的关系至关重要。例如，你可以在新员工上班的第一天带他们出去喝咖啡或吃午饭，然后问他们下面一些问题：

- → "在所有你可以选择的工作单位里面，这家公司最吸引你的是什么？你希望在这份工作中学到什么？
- → "你最喜欢做什么类型的工作？你喜欢一个人工作还是与团队合作？
- → "如果有一项特殊的任务要执行，你会感兴趣吗？
- → "5年后你希望自己在哪里？
- → "不工作时，你的爱好或消遣是什么？
- → "跟我说说你的家庭。你有孩子吗？你养什么宠物？你的孩子或者宠物叫什么？
- → "你最喜欢吃什么？你最喜欢的运动是什么？"

你越了解员工，就越需要激励他，但这并不意味着去操纵他，而是要帮助他在职业生涯中取得成功。员工会通过你的言行判断自己是否重要，如果他们感觉自己很重要，那么他们会非常希望超越自我，每天也会尽最大的努力做到最好。

通常情况下，亲自做某项工作的人最了解怎样才能把手中的工作做得更好，因此，经理应当以这些人为重点，尽力支持他们的工作。例如，如果有人报告流程无效或成本太高，则应设法改进该流程，或与该流程的管理人谈话。

就如何改进工作职责，佛罗里达州 Champion Solutions 集团的一名接待员就曾建议，现场销售代表第二天交付的费用报告其实可以在线发送给她，而不是隔夜再发送。接受此建议后，该公司的运输成本降低了40%。这一事件促使公司领导向员工寻求建议，以获得更多节约成本的方法。

对经理而言，让员工参与决策，特别是那些能够影响他们工作的决策，也是一种关键行为。员工相信自己有了参与决策的权利，其对公司的认可度和参与度就会提高。然而，只有41%的受访员工认为公司会倾听员工的想法。询问员工的意见表明你尊重和信任他们，他们的意见还有可能提高决策的科学性，即使最终决策权仍属于经理。

如果没有员工参与，就失去了支持变革的人，因此你需要确保员工有机会参与决策。让员工参与决策有一些简单的方法，比如：

➜ 就各部门的重要事项征求他们的意见。

➜ 邀请他们积极参与制定和修改部门的目标。

➜ 建立由员工组成的工作小组，小组成员的目标是要找到更好的工作方法。

一个优秀的经理在与员工打交道时要学会灵活应变而不是成为政策的奴隶。经理应该根据实际情况允许出现偏差，这将会使经理与员工关系融洽，未来很长一段时间内也可以利用这种关系。

对那些想要向员工表明自己很重要的经理来说，最后需要考虑的是如何处理错误。我的研究证明，94%的员工犯错时仍然希望得到经理的谅解和支持。这一点显然很好理解，但我们很多时候做的恰恰相反，在发现员工犯错后，我们会吹毛求疵，当众羞辱、贬低他们，这样做就能证明我们比犯错的员工聪明吗？这对你有什么好处？

微软前董事长比尔·盖茨曾说过："只要看一个组织是如何处理错误的，你就可以清楚地了解它是否具有长期生存的能力。"更好的做法是告诉员工："我想我下次不会再这样做，不过我从这次经历中学到了什么？这可能是我在一整年中最好的磨炼了吧！"

以下是经理通过直接行为激发员工潜能的其他例子。

> 正面的例子是营造良好氛围的最佳方法。要让你的员工主动承担责任，你可以做很多事情。衡量员工的表现并对其加以奖励是个好办法。
>
> ——扬·卡尔森，
> 北欧航空公司首席执行官

发现金融服务公司的高级部门经理蒂姆·罗杰斯鼓励经理多了解员工，并积极倡导在工作中结交好友的理念。经理要参加管理技能入门和了解员工两个培训。罗杰斯说："与你的员工建立良好的关系比其他任何事情都重要。"

位于宾夕法尼亚州匹兹堡市的 Gateway Health 的临床质量管理分析师小罗伯特·约翰斯顿表示："对于员工和直接上司之间关系的重要性，怎么强调都不过分。"

有句俗语说得好："人们不会离开公司，但会离开老板。"尽管我们有必要意识到员工会因各种原因离开组织，但我的经验表明，上面的说法是不可否认的事实。许多经理没有认识到，他们的工作不仅仅是要确保完成任务，还包括教育、指导和培养下属。这样做可以让部门变得士气更足、效率更高、质量更好，职场也能逐渐成为一个让员工有更强使命感和成就感的地方。与直属经理的关系可以决定员工在工作中成功与否，培养这种关系不仅对员工有利，对经理、部门和整个组织都有利。

《彭萨科拉新闻杂志》要求读者提名最佳老板行为和范例。昆特·斯图德是斯图德社区研究所的创始人、西佛罗里达大学的入驻企业家和记者，他给我们提供了一些具体的例子：

➔ 儿童之家协会的林赛·坎农总会抽时间了解员工的目标，告诉他们如果有目标就一定要达到，并指导他们的职业发展，她也因此赢得"最佳老板奖"。

➔ 位于格雷戈里街 Another Broken Egg 咖啡店的老板荷马和琳达·毕格斯两人为员工做了很多事情——从举办宝宝派对到帮忙修理汽车，再到给犯错员工第二次机会。

➔ DAG 建筑师事务所的戴夫·卢特雷尔能有效传达难以传达的信息，无论是新的办公室计划还是建设性的反馈。大多数团队负责人都能传达员工想听的内容，但要传达他们不想听但又必须要听的内容则需要特殊的才能。

➔ 巴斯克维尔-多诺万公司的米歇尔·鲍姆和她的员工一起商讨出现差错时应如何处理。她非常亲切和蔼，总带着鼓励的语气，确保员工了解错误发生时如何做才是正确的。最后他们就如何防止同样的错误再次发生达成一致意见。

> 对每一个客户、每一笔交易都要小心谨慎，为对方着想，就像你要和他在一个小房间里共度余生一样。
>
> ——迈克尔·梅斯康，
> 梅斯康集团总裁

位于密苏里州圣路易斯市的波音领导力培训中心让现任领导班子与未来的接班人组成搭档，一起学习他们需要掌握的人际交往技能，帮助员工充分发挥自身的潜能。

多丽丝·李是南卡罗来纳州格林伍德市 Self Regional Healthcare 保健公司的人力资源专员，她分享了其顶头上司的一个例子：

她所在团队的一名成员的父亲去世了。追悼仪式所在地距离公司大约一小时车程，因为他们可能没办法参加葬礼，经理就让大部分团队成员驱车一小时赶到这名成员的家里表示哀悼，并送来了烘焙食品。这是为了让这名正经受丧父之痛的成员知道，团队其他成员对她很关心，希望她能节哀。

丹佛商业改进局的区域经理查克·科梅内洛让分公司的每个人都参与年度战略规划，这样，每个人就都与公司的成功息息相关。战略人力资源顾问罗谢尔·帕夫林表示："查克有句名言，'雇用纯种马，让它们跑吧！'"因此，他总是很欣赏团队中有一技之长的人，并让大家自由发展、有所作为。他不会事无巨细地管理公司，相反，他经常教导我们要有抓大放小的全局观念。"

位于印第安纳州杰斐逊维尔市的 Crescendo Strategies 公司总裁兼首席保留官卡拉·西莱托表示："我的员工随口提到他们喜欢的食品、咖啡店、电影或其他东西时，我都会把这些信息写在一张秘密清单上。下一次我要表彰他们的突出表现时，我就会送他们一张很小但有意义的礼券，以表示我的感谢。"

蜡笔盒公司创始人迈克尔·班盖·斯坦尼尔说：

我建议经理和主管们参考我的《教练习惯》（*Coaching Habit*）一书中的"教练手册"。在与员工交流时，可以这样开头："你在想什么呢？"这样的问题比起"我能帮你做些什么呢？"（因为员工可能暂时不需要帮助）或"你需要什么呢？"（因为员工可能暂时并无所求）这样的问题妥当多了。以这样的问题作为开头则很快可以将员工引入谈话的核心，虽然这个问题问得有些宽泛，但问话却是以回答者为中心的。在谈话结束时，也该问上一句："对你来说，公司里什么最有用或最有价值？"这是一种从谈话中汲取知识和获取洞察力的方法。在我们公司，我们要求每位员工都养成"教练习惯"，在所有谈话中，我们始终要多保持一份好奇心，行动要迅速果断，而提建议时则不妨慢一点儿说。

布赖恩·邓恩现在是消费电子零售商百思买集团的总裁兼首席执行官，当初在百思买做销售的经历仍然历历在目，"艰难"的第一天过后，他与经理进行了一次非常有益且鼓舞人心的讨论。

> 团队负责人的首要任务是认清形势，最后才是表示感谢。在这些责任之中，团队负责人扮演着仆人的角色。
> ——马克斯·代·普里，《领导是一门艺术》(Leadership Is an Art) 作者

邓恩回忆道："当时经理问我，'今天过得怎么样？'我回答，'真是糟透了'。"接着，经理和邓恩聊起了明尼苏达双子队、明尼苏达维京人队以及钓鱼这个爱好。如此一来，经理便让那次谈话立刻变得随意了许多。最后，他让邓恩周六再过来，到时会传授给他一些在销售界摸爬滚打的经验。"这次谈话对我来说太重要了。当时，我的脑海中一直回荡着经理与我的谈话内容，他说我能在百思买干出一番事业，他也愿意帮助我成长。"

经理向员工提供绩效反馈时（通常每月或每季度一次），应该把关注点放在员工个人身上，不妨让谈话内容轻松一点儿，有趣一点儿，而不是让员工对此心怀畏惧。人力资源总监达里恩·霍尔兹纳格尔说："我们关注的是员工个人，尽量让谈话内容变得更轻松有趣——探讨员工能为公司做什么，而不是要求员工去做什么。这就是我们让经理与员工之间的谈话气氛更加融洽的方法。"近三年来，这种方式帮助百思买显著降低了员工流失率，为公司

节省了培训费用，同时也让更多有经验、具有敬业精神的员工参与到与客户的互动中。

> 这是一则简单却极具影响力的法则：不要满足于仅仅满足别人的需求。
> ——尼尔森·博斯威尔

在婴儿床上用品和配件制造商科卡洛公司每月召开的会议中，经理扮演着非常重要的角色。该公司创始人、总裁兼首席执行官勒妮·佩皮斯·洛说："每个负责人都会通报各自负责部门的业务情况，这有助于将公司所有员工紧密联系在一起，而聆听各产品背后的故事也会激发与会人员的兴趣。哪类零售商对这种产品感兴趣？成功的例子有哪些？有位母亲刚刚寄来一封有关儿童房的投诉信，她又有什么故事呢？"实行这一战略的结果是：公司收益在最近三年内保持着23%的平均增长率。

苏兹·普莱斯是佐治亚州玛丽埃塔市 Priceless Professional Development 公司的一位高管，他认为经理可以通过培养 4 种具有竞争力的日常领导技能来激发组织内员工的潜能：

→ 向员工传递积极的信念。

→ 根据员工的行为表现和客观数据快速解决问题；评价员工表现时要具体，实事求是。

→ 欢迎员工提出反馈建议、参与公司决策。

➜ 认真倾听。

在谈及老板与雇员间的互动时，普莱斯说："（公司老板）应重视员工的反馈意见并为他们提供成长、进步的机会。说白了，就是要建立彼此间的信任关系。"

家居建材零售商百安居制定了一项政策，要求经理在员工早会上询问员工是否有任何问题。员工提出的任何问题都要在会议期间落实解决，经理也需要向下属通报问题的解决进程以及解决方案。

密苏里州切斯特菲尔德市的圣卢克医院连续三年被评为全美最佳医院50强。该医院的院长兼首席执行官加里·奥尔森认为，经理如果按照以下建议行事，就能让员工每天开开心心来上班：

➜ 定义理想的职场。

➜ 开启沟通的桥梁。

➜ 维护企业文化。

➜ 征求反馈意见。

在东波士顿储蓄银行，经理们采取了一种"汇报无责"的方式，鼓励员工报告问题。该银行领导层鼓励经理提一些"探究性、开放式的问题"，从而对员工报告的问题"刨根儿问底儿"，找出根源所在，然后感谢他们能提出问题。

位于密歇根州底特律市的亨利福特医疗集团，经理要确保所有员工都有自己的电子邮箱。这样员工们有好消息或坏消息都可以直接邮件联系，不必做许多无用功。总裁兼首席执行官南希·施利希廷说："人们欣赏并尊重这种沟通方式——我不觉得这些难题不适合我处理，或者我可能会被它们淹没。相反，如果员工有自己的顾虑或想法，他们知道可以找我，这就给他们开辟了一条沟通渠道。"

在一份关于经理对员工工作热情影响的报告中，调查公司Melcrum Publishing 列出了激发员工潜能的十大方法：

①营造一种开放式沟通的氛围。

②帮助员工了解其对组织成功起到的重要作用。

③建立信任。

④让员工参与决策。

⑤授权员工自主解决问题。

⑥言出必行，信守承诺。

⑦以身作则，落实目标。

⑧帮助员工树立并实现职业发展目标。

⑨主动征求员工反馈。

⑩对优秀员工事迹予以表彰。

加利福尼亚州洛杉矶市的联合银行鼓励经理们指导员工自己解决问题，这就要求经理们清楚地了解员工的目标和现状。通过向员工提出诸如"你有什么工作目标?"以及"你现在的进展如何?"这样的问题，经理们可以更好地帮助员工找到差距所在，以及阻碍他们前进的障碍。

位于纽约市的金融服务公司美国运通要求担任副总裁以上职务的管理人员参与一项名为"以领导力激发员工潜能"的培训项目。该项目旨在帮助公司管理层领导运用各种技能激励员工做到最好。一项对员工的调查显示，在项目实施后的一年里，领导效率提高了3%。

英国电器公司戴森的人才主管肩负着实施"马天尼文化"的重任。"马天尼文化"的意思就是"随时随地都可以工作"。该主管提出了这样一

> 员工欣赏的往往是那些真正理解他们个人需求的主管。至于主管如何才能理解员工，做到情感相通，《创业家》(Entrepreneur)杂志提出了以下五则小贴士：
> ①运用肢体语言表示你在倾听。
> ②运用面部表情表示你感兴趣。
> ③运用口头语言确认理解无误。
> ④不明之处要求对方澄清。
> ⑤多说"我们"而非"你""我"。

种公司愿景：员工可以自主选择在效率最高的地方或时间段工作。对高管团队而言，他们所面临的最大的挑战是如何完全取得员工的信任。

在为期三个月的试运行阶段，员工在重要时段里的灵活性选择是有限制的，经理需要指导、帮助并支持员工达成目标。当试运行被证明可行之后，员工可以自由选择工作地点和工作时间，公司着装规定也得以取消。在接下来的1年里，员工的主动离职率从17%下降到了6%，同时，由于员工可以平衡好工作与生活的关系，其工作压力也大大减小。

---

Burcham Hills 退休社区在老员工之中推行年度"留职"面谈后，员工流失率已降低了72%。该理念就是询问你的团队成员他们目前对工作的热情程度，以及他们对沟通、成长、认可和信任等问题的看法。最初，面谈主要是为了了解老员工对社区问题的个人看法。这些问题不必立刻着手解决，可以留待以后再说。

> 如果你能帮助很多人得到他们想要的东西，你就能拥有生活中想要的一切。
> ——金克拉

一位在REI商城就职的员工向我们解释了为何该公司一直在最佳雇主的榜单中占据一席："REI商城是一个很棒的公司。工作繁忙时，经理们也会加入，和我们并肩工作。我相信这有助于经理和员工相互尊重和理解，让人感觉到我们是同呼吸共命运的。"

国际科技企业 3M 公司将员工的工作热情直接纳入公司对领导能力的考核中，要求领导对员工的工作热情负责。这里所谓的领导能力就是"培养、教育、激励员工"的能力，它是年度管理评估的基础。经理在员工热情方面的得分由公司内部进行民意调查后给出。

Review-Works 是一家负责医疗成本管控及残疾人管理的公司。卡洛琳·拉乌斯是该公司的联合创始人、总裁兼首席执行官，她鼓励员工大胆尝试新事物、敢于冒险，员工即使偶尔犯错也不受罚。她说："员工非圣贤，总会犯错误。作为领导，只要准备好接受员工的过失即可。而且，员工每次犯错就意味着下次工作可能会有所改进。"正如拉乌斯所述，对犯错的员工予以支持，经理便可以与员工建立起信任关系，而成员互相信任对于建立一支敬业的团队至关重要。

# 管理新职能

在《管理圣经》一书中,我与合著者彼得·伊柯诺米提出了一个观点:管理的四大传统职能——规划、组织、领导以及管控如今已被其他职能取代。最能激发员工潜能的管理新职能是:

→ **激励**:如今的管理者个人能力都很强,他们不但想干事、能干事而且还能干成事。那些最杰出的管理者个个都精力旺盛、能量满满。成功的管理者描绘出引人入胜的愿景,激励员工将这些愿景转换为行动,并做到最好。

→ **赋权**:给员工赋权并不意味着管理者就放手不管了。相反,赋权意味着给员工工具并授权其去完成某项工作。有效的管理就是充分利用团队的力量,朝着一个共同的目标奋进。如果你能放手让员工独立完成他们的工作,就可以释放他们的创造力,展现他们的敬业精神。

→ **支持**:如今的管理者需要成为教练、顾问和同事,而不是监管者或警察。要构建一个支持员工发展的职场环境,关键是要在整个组织内营造一种开放交流的氛围。在这种氛围下,员工可以如实、完整地表达他们的关切,而不必担心遭到惩罚。同样,管理者应当包容员工的无心之错,鼓励他们从中吸取经验教训。

- → **沟通**：沟通是任何一个组织的命脉所在。信息就是力量。随着公司业务越来越多，发展越来越快，必须比以往任何时候都迅速地将准确的信息传达给员工。商界风云变幻，这便需要组织成员之间多沟通、多交流。不过，交流的信息最好是有助于员工更好地完成工作以及可能对其工作带来积极影响的信息，此外还有组织内部有关机会和需求的信息。

掌握了这4个管理新职能，你就会发现，你的员工在工作中会更敬业、更忠诚、更有士气，工作效率也会随之提升。其结果就是：公司能提供更好的产品和服务，客户更加满意和开心，最终公司也会获得更多的收益。

# 4

# 战略与使命

战略和使命好比北极星,为所有组织内的成员指出努力的方向和重心。

要从更广阔的视角和背景来研究员工潜能,就必须根据组织的战略和使命,为员工提供一个清晰且引人入胜的发展愿景。如果员工不知道组织的目标是什么,或者组织的目标没有对他们起到激励作用,他们就很难有动力去追求成功。前领导力研究院院长弗朗西斯·赫塞尔本曾经这样说过:"不管你从事哪个行业的工作,组织中的每个人都需要知道你做这一行的目的和目标是什么。"

为了更清楚地了解组织的使命和核心业务，管理大师彼得·德鲁克提出了五个经典的问题，经典五问有助于将你的组织所追求的目标与顾客联系起来：

→ 我们的使命是什么？
→ 我们的顾客是谁？
→ 我们的顾客重视什么？
→ 我们追求的结果是什么？
→ 我们的计划是什么？

对组织及其员工而言，要问成功最需要做什么，首先就得搞清楚该组织的愿景是什么。这一愿景必须引人入胜，能够激励每个人。哈佛大学教授罗莎贝丝·莫斯·坎特说："愿景不仅仅是一幅关于未来的蓝图，它还是一种召唤，召唤我们超越自我。"根据这一愿景，你可以形成自己独特的竞争优势，为客户提供你有他无的服务或产品。这才是你最需要充分利用的市场优势。然后，这种愿景和使命需要转化为每位员工都能付诸实施的行动路线。

本章通过一些实例探讨公司如何实现其使命，并使其成为员工的第一要务。

> 组织的领导力体现在三个方面：第一，传达愿景和价值观；第二，赢得支持；第三，强化推行。
> ——弗雷德里克·史密斯，联邦快递董事长兼首席执行官

多尔夫·卡勒是俄亥俄州特温斯堡镇的丝网印刷机生产商视觉营销系统公司的总裁。他认为，简单的目标就是最好的目标。因此，他放弃了现有的充斥着商业流行语的公司目标，代之以三个易于理解的目标：更好、更快、更便宜。

医疗卫生/保健品及消费者护理产品公司强生为工作团队提供了很多反馈，让他们知道自己所做的工作对公司其他部门有什么帮助。例如，泰诺工厂的化学工程师可以登录计算机系统，显示他所在工厂的产量对整个部门的产量有何影响，以及目前离季度目标还有多大的差距。强生公司的全球人才管理总监托比亚斯·库舍尔说："我们相信这种设计可以让员工更敬业。一旦员工全身心地投入工作之中，他们就会给公司带来更多收益。"

英国零售商玛莎百货让每个销售区的员工都在海报上写下承诺，公开展示。这有助于各销售区的员工保持敬业意识和责任感。

Job Hunter Pro 是一家研发虚拟技术的公司，其团队成员来自俄勒冈州波特兰市、佐治亚州亚特兰大市的各个地区。其首席执行官杰夫·罗杰斯说：

如果你的使命在火柴盒的背面写不下，可能是它太复杂、太啰唆了。如果你的管理团队都不能清晰地传达公司的使命，你又如何期望你的员工能够完成这一使命呢？条理清晰、重点突出很重要。

我们的使命是让人们都有工作。这一工作重心非常具体，所有的解决方案都以此为出发点。支持我们公司使命的一个关键战略就是为大众提供就业服务。为此，我打造了一种对社会负责的人力资源文化。我们非常重视下岗员工再就业的问题，这对雇主和雇员来说是双赢的事。我们的团队主要由志同道合的人力资源主管组成，因而彼此的使命相关是显而易见的。

多年来，我们已经学会了综合考虑质量、创新、技术、金融和经济等多重因素，以大大低于市场价格的方式实现最佳解决方案，虚拟商业模式就是其中之一。我们之所以没有采用实体模式，是因为这种模式的成本肯定会转嫁给客户。无法直接惠及客户的事情我们不做。这种理念的一个缺点是：一些团队成员会认为我很小气，但我并不介意。

让团队成员牢记使命并不难，部分原因在于，我们的使命很简洁，就算他们换一种说法也没关系。例如，包括我在内的产品开发团队，在构思新特性、新优势、新产品时，会时常参照我们的使命。同样，我们的营销手段、社会宣传和网络媒体也呼应了共同的主题，有力地支持了我们的使命。

关于企业的使命，还要补充一点：大约 25 年前，IBM 有一份使命宣言："成为世界上最成功、最重要的信息技术公司"。这个陈述非常有力，为几乎所有 IBM 员工指明了方向。你一定喜欢 KISS 原则 Keep it simple, stupid，即保持简约！

> 我们认为我们的管理理念很开明，不过开明的管理也离不开开明的员工。
> ——亨利·夸特希，
> Quad/Graphics 印刷公司首席执行官

加拿大安大略省的布伦·安妮公共关系和营销公司只有 5 名员工，他们大部分时间都是远程办公。

我们在月初召开小组会议，即使是电话会议也要开，这样我们才能知道大家的工作进度是否一致。此外我们还可以处理正在重新审核的任何项目，或者为实现目标而制定阶段任务和策略。确定目标后，我们会认真讨论这些任务和策略，它们都有明确的完成时间表，包括完成特定客户项目的日期、新闻发布会日期等。然后我们会以各种开放沟通的方式维持我们之间的联

系：每个人都有固定电话、移动电话、电子邮件和第二联系人。

位于印第安纳州杰斐逊维尔市的 Crescendo Strategies 公司通过分享公司发展的创新理念，建立有利的战略合作伙伴关系以及创造新产品的方式，鼓励所有级别的员工参与到战略对话中来。总裁兼首席保留官卡拉·西莱托说：

他们不必担心"越俎代庖"，也不用耗费好几年时间才能做出显著贡献。任何人都可以随时提出或分享战略问题和建议。我们鼓励员工提出以"如果……"作为对话开始的问题。我们在员工会议上宣布公司取得的所有成功，目的是让所有员工都感受到他们与公司使命紧密相连，此外还可以让他们直观地认识到公司对客户的重要影响。我们会提到对每一次成功做出贡献的所有团队成员，因为我们知道，如果没有后方运营团队的支持，如果不是他们让公司保持平稳运行，销售团队和咨询团队就无法交上满意的答卷。

中国上海环胜咨询公司的联合创始人兼高级顾问韩鹰说："积极参与是提升员工敬业精神的重要渠道，可以是同级之间的横向参与，也可以是上下级之间的纵向参与。如果可以邀请员工或同事共同制定并实施公司的目标、战略，他们会更加投入。"

横向参与的例子有：供应链主管邀请他们的内部客户和股东参与讨论，确定小组目标、实施方案和优先考虑事项。受邀请的人与团队分享他们的关切、担忧、期望和建议。重要的股东和客户全程参与，这使得讨论的计划将来执行起来更加顺畅。纵向参与的例子有：一个职能部门负责人将所有直接下属、各级管理层代表以及一线工作人员聚集在一起。

"为了提高员工的参与度，必须要有一种鼓励参与的文化和机制，必须创造机会，加大宣传和扶持力度，"韩鹰说，"这要求各级领导都能够成为教练和促进者。"例如，经理首先对参与计划和目标设定的过程制定规则，然后邀请所有团队成员就改变、关注和想法等方面发表他们对该计划的看法。在设置目标期间，经理会邀请团队成员进行环境分析，并以此分析为基础制定目标并进行计划。之后，要求他们参加一系列有关规划和解决问题的研讨会。最后，召开全体会议，增强大家实现承诺和协调一致的信心。正如韩鹰所说：

我们发现，越来越多的客户不再将 KPI（关键绩效指标）作为实现组织使命和目标的主要绩效管理工具，而是开始引入 OKR（目标与关键成果）。一些聪明的经理发现，可以通过一种更行为化的方法取得成功，即让员工专注于"每周要做的三件最重要的事情"。使用这种方法来管理每个团队成员的关注点比使用 KPI 要容易得多。

我们还发现了激发员工潜能的其他有效策略：

→ 以伙伴的平等身份进行指导对于激发员工潜能的效果惊人。

→ 在组织中组建运动队有助于营造一种竞争性的文化氛围。（拥有运动队的公司员工工作热情更高，适应力更强。）

→ 你还可以寻找并培养堪称"变形金刚"的工作非常热情的员工，然后以他们为中心组建联盟团队，这也能大大提高整个组织员工的工作热情。

---

The Granite Group 总部位于新罕布什尔州的康科德市，其人力资源高级副总裁特蕾西·斯邦恩伯格表示：

每季度，我们的首席执行官、首席运营官和董事长都会逐个访问我们的 34 个分公司，出席季度会议。这些会议的重点是财务指标和公司战略。我们的所有团队成员，从卡车司机到经理，都会出席会议，了解关于公司整体业绩、分公司业绩和战略进展的最新信息。你可以问我们的任何一个员工，公司的主要战略重点是什么，他们肯定都知道。我们的分公司也会在职员之间共享日销售信息，因此每个人都知道分公司的业绩如何，都了解自己在分公司和总公司的影响力大小。

加利福尼亚州旧金山市的员工表现策略师戴维·科瓦科维奇分享了他的一个客户是如何努力简化其创新战略的，这是一家总部位于硅谷、拥有1万多名员工的科技公司。

项目破产，旧思维失去竞争力，其他竞争对手正迎头赶上。这家公司希望他们的新员工能进一步拓展他们的创新战略，于是问他们"我们错过了什么？你们在关注什么？"他们要求所有员工提交有关新产品开发、服务模型或内部动态构建的方案。员工需用三张幻灯片表达自己的创意。

300多个新创意提交上来之后，公司委任了一个委员会来评估这些创意，然后与那些提交最佳创意的员工举行初步电话会议。获得前五名的创意者被要求在公司年度国际会议上以"创智赢家"的形式展示他们的方案。公司以采纳他们的方案作为奖励每个人的方式，并且指定他们为项目负责人，负责将方案推向市场。

据 Pafugl ehf/Peacock 的企业培训师兼商业顾问赫尔迪斯·帕拉说，拥有180名员工、为金融行业服务的冰岛IT（信息技术）公司 RB 决定利用员工对音乐的浓厚兴趣来传递公司的价值观。RB

的员工参加了公司的 10 个乐队和合唱团。他们要求员工找一些冰岛歌曲来展示公司价值观：专业（一首老渔夫歌曲）、安全（一首较新的重金属歌曲）和激情（一首 20 世纪 90 年代后期的情歌）。随后，他们将代表公司价值观的歌词贴在办公室的墙壁上。

赫尔迪斯说："这样员工们整天都能看到公司的价值观并铭记在心，用服务给顾客带去微笑。"

> 对于任何组织问题，首先要问："最佳解决方案是什么？"然后再问："我们可以做些什么？"
> ——彼得·德鲁克，管理顾问

Quad Learning 是一家致力于帮助海外学生进入梦想中的大学的留学服务公司。总部位于新墨西哥州阿尔伯克基市的西南人力资本公司创始人兼首席执行官米歇尔·摩尔回忆起与 Quad Learning 的合作时说：

我们创建了一份以"行动中的价值观"栏目为特色的月刊。员工们如果看到有同事展示了我们的核心价值观和原则，就要举例说出来。这个做法很受欢迎。这些例证明显激励和鼓舞了每位员工，比如，有时候员工会超越自己的职责去满足某位客户的要求，或者提出一条创新性建议。这样做不但是一种认可，而且能够一再强化我们的价值观，使之成为我们公司日常用语的一部分。

总部位于波士顿的 Acceleration Partners 营销公司在总结之前的公司愿景后创建了"生动的愿景",这是一份强调价值观、目标以及员工如何参与的新手册。该公司要求员工说出自己的看法,共同参与编写这本手册。

加利福尼亚州圣马特奥市的 O2C(企业对客户进行专人定制服务的模式)平台祖睿启动了一项试点增值计划,将公司核心价值与其认可的实践联系起来。

## 案例研究：
## 通过认可实现连接策略

一家《财富》世界 500 强的高科技公司，他们的市场研究团队制定了促进公司发展的战略。他们面临的挑战是：如何激励员工，使其行为能够最有效地适应这一公司发展战略。除了其他举措，团队的执行领导层还实施了一项认可计划，将个人与公司的战略联系起来。

为了帮助公司获得更好的发展，团队成员需要具备四大品质，这些品质非常重要且已被纳入认可计划中：

- → **融入**：受到认可的个人和团队主动与商业领袖共同商议一个议程，并与不同团队协作，以获得较好的效果。
- → **创新**：受到认可的个人和团队表现出思想领导力，他们在应用专业知识的同时培养了新的能力，并提供创新方案来解决关键的业务问题。
- → **技术专长**：受到认可的个人是各自学科领域的技术典范和思想领袖。
- → **领导力**：受到认可的经理和团队负责人与商业领袖一起倡导行动，以取得实际成果。

组织发展过程包括管理传播项目信息、准备提名名单和让领导团队随时准备好预案，以便他们能够做出选择。每年举行两次虚拟的全球团队活动，然后宣布获奖者名单，并表彰与团队战略关联度最高、最重要的项目、行为和成果。后续活动包括获奖者介绍他们的项目，并向公司各部门职员提供咨询。

这一认可计划被认为非常成功。团队中的个人更有动力去整合、创新、领导以及发挥专业特长，帮助公司发展壮大。公司的其他团队利用认可计划将团队行为与他们的战略紧密联系起来。有趣的是，该计划并无金钱奖励。一个人的工作在整个组织内的可见性和认可度，以及他与同事之间的合作，本身就是足够强大的激励因素。

这个全球计划是在公司内部运行的。具体而言，组织发展团队的一名成员负责认可计划和处理所有流程。除了传播、收集信息和做准备之外，他们还处理所有的沟通和交流问题。这一正式计划一年实施两次，持续了很多年，已经成为一项公司制度。此外，这是一个系统化的计划，而不是临时的、没有外部援助的计划。

> 愿景是长期的，不应每两三年就改变一次，而应对其进行评价和衡量。这需要沟通才能完成。
>
> ——詹姆斯·斯皮德，
> 北卡罗来纳州互助人寿保险公司总裁兼首席执行官

肯塔基州法兰克福市肯塔基房地产公司负责商业服务的副执行主任艾米·史密斯博士说：

在7月，也就是每个财年开始之前，执行团队与各董事、经理协商，确定公司的战略方向，制定3~5个简洁、易于解释的策略。我们提供这些策略的压膜副本与每位员工分享。

此外，每个部门都要制订一个商业计划并准备一张记分卡，以支持公司实施战略。在员工方面，这些策略可以用于我们内部创建的员工绩效评估系统。因此，员工的每个绩效目标都与部门目标和公司战略直接相关。

管理层至少每季度讨论一次战略实施行动计划，各部门则每月讨论一次或者进行类似的例行讨论。此外，所有事项都标记在公司日历上，以便直观地看到哪些方面没有跟上进度。让我们引以为豪的是，大多数员工能够分享公司的战略经验，对公司战略如何影响他们的日常工作也有话可说。在最近的一次董事会会议上，我们采用了新技术，董事会成员使用平板电脑而非大号文件夹来阅读所有董事会文件。线路电平技术服务团队成员也出席了会议，在现场为这些新用户提供技术支持。当被问起时，这些员工会让董事会成员知道，他们的新技术是第四个公司战略

的一部分：灵活、便于移动、相互协作和远程办公。

为了将员工与公司的愿景和使命联系起来，艾奥瓦州得梅因市农场局金融服务公司的首席执行官呼吁管理层集思广益，提出具有建设性的方案。结果是：公司所有电脑屏保都换为显示公司一系列价值观的文字。

为了帮助员工看到自己的努力成果，太空探索技术公司的创始人埃隆·马斯克召集每位员工到航天地面指挥中心体验火箭发射过程。为了进一步激励他们，他请员工观看与太空有关的私人影院的电影，例如《地心引力》和《火星救援》。

现在有几家公司为企业的最高管理层增加了一个新职位：首席文化官。担任这个新角色的人有责任确保新员工清楚地理解组织的使命、战略和价值观，同样重要的是，新员工还要了解如何相互协作才能让客户开心满意。一种流行的策略就是让新员工接受全面的入职培训。

> 一家经营良好的公司，你会发现它的股东、员工和整个社区的需求同时得到了满足。
> ——阿诺德·希亚特，
> 喜健步童鞋公司前首席执行官

在邮件猩猩公司上班的第一周，新员工不做任何技术性的工作，主要是体验公司的环境和文化。他们会得到印有公司标识的物品，并在出差过程中将其带往各地，与来自不同部门的团队成员见面。每个部门都会高度概述他们作为组织的一部分是如何满足客户需求的。有时候，老员工会在新员工经过他们的办公区时为他们欢呼。在一周结束之前，新员工和客户一样，使用邮件猩猩应用程序。成立于 2007 年的求职与企业点评网站 GlassDoor 的报告显示，邮件猩猩的员工给了该公司五星好评。客户也对该公司予以好评。

在韩国平昌举办冬奥会和冬残奥会之前，美国联合航空公司制作了一则商业广告。制作这则广告的部分原因是想让员工理解他们工作的重要性。该广告展示了两种超级英雄：由美联航（美国队官方合作的航空公司）赞助的 6 名美国冬奥会和冬残奥会运动员，以及 6 位负责参赛运动员及其装备往返场馆和驻地的美国员工。超级英雄的绰号被用来指代奥运赛事和美联航的工作。当广告中出现交通状况时，一位冬奥会运动员说："我们堵在路上了，自己又没法飞过去，但是你知道谁可以——当然是美联航的工作人员！他们会把我们的奥运英雄准时送到比赛场地！"美联航的营销副总裁马克·克罗里克说："超级英雄和美国队运动员之间的联系很明显。他们是普通人，却用他们非凡的才能完成了不可思议的事情。"

多年来，奥多比一直致力于为员工带来非凡的体验。在意识到客户的重要性之后，公司将工作重点转变为"为客户服务和为公司工作同等重要"。他们认为这两个概念是并行不悖的。敬业的员工努力做到最好，客户也会感到更满意。

> 谨记正确的目标：勿为钱财失掌声。如果你创造的东西有价值，自然财源滚滚。
>
> ——罗伯特·隆斯塔特，洛德出版社首席执行官

# 案例研究：
# 事业驱动使命的价值

首席执行官马克·卢西亚诺说：

在 NeuVanta 公司，我们的工作文化基于这样一种理念：我们是这家公司的一员，大家都为一项崇高的事业服务——改变帕金森病患者的生活。我们所做的一切都是为了服务我们的目标人群，"成就更好的你"。每位员工都明白，他们的工作和努力能帮助受此疾病影响的人。无论是开设一门关于老年人身体平衡问题的网络学习课程，还是为工程师考取执照而开设一门工程体育考试课程，我们都是在帮助人们，满足社会的巨大需求。

业务发展主管安·博兰补充道：

我们让员工关注我们的使命宣言，即"成就更好的你"。我们根据这一口号定位新产品，并积极评价所有新产品。没有冗长的使命宣言，只需关注"成就更好的你"这 6 个字。同时，我们与积极自信的"能干者"为伍，无论是同事、承包商，还是客户——态度就是一切。如果某个问题看起来超出了你的掌控范围或无法解决，让所有相关员工都思考如何回答这个问题，即"我们能做什么？"通常情况下，问题会得到解决或缓解。

马克继续说道：

有了服务和改变的目的，就产生了忠诚和能干的态度。最重要的是，还能让团队在设定目标和实现目标时精诚合作。虽然我们只有 7 名员工，但自 4 年前始创至今，我们的员工流失率为 0。员工认为留在公司的首要原因是可以"服务于更高的需求"。我们这种事业驱动型公司还能为董事会吸纳其他管理层管理人才，来帮助管理公司和提供指导。

因为我们是事业驱动型公司，员工的爱岗敬业是受到了"更高的使命召唤"。但即使有强烈的使命感，员工仍然需要与人和人性打交道，所以公司还需要有其他策略，以便让员工一如既往地爱岗敬业。我们发现，员工是否爱岗敬业受多种因素影响，不存在一劳永逸的办法。

我们尽量灵活地满足员工的个人需求：

➔ 每位员工都是公司的股东。这样大家会有这样一种感觉，作为公司的一分子，未来会有丰厚的回报，这样就能让员工站在老板的角度思考问题。

➔ 我们的管理风格遵循蒙台梭利模式，即设置较高层次的规则，由管理层适度控制，但在较低的层次上，员工只要不违反管理层规则，就可以在自己的空间内自由发挥，解决客户的问题。通常，他们在我知道有问题之前就把问题解决了。

→ 我们的员工有 100% 的机会接触到管理层。管理层的大门永远是敞开的，这样，任何员工在任何时候都可以请求与管理层面对面地讨论其所关心的问题，或者了解当前事件的最新情况。

→ 作为首席执行官，我在每年新年伊始都会给员工发一篇文章让他们阅读，鼓励他们经常思考、保持干劲。比如，有一年我写了一篇题为"命运偏爱无畏者"的文章，这实际上是我从幸运签饼①那里借鉴来的。第二年的题目为"你有权利就任何问题质疑管理层，反之亦然"，意在突出我们是一家公开透明的公司。我们必须做到公开透明，因为每个人都是股东。

→ 我们没有针对带薪假、病假或公休假制定一套既定规则。我们的休假规则很简单：总共休 30 天假，10 天是带薪假期，还有 20 天随你怎么用（比如外出度假、请病假或家中孩子生病需请假照顾等）。

---

① fortune cookie，译者注：幸运签饼是一种饭后小点心，内有预测运势的小纸条，常见于美国的中餐馆。

→ 我们的工作时间很灵活，我称之为"自由漫游"政策。这里没有朝九晚五的工作。如果你下午要开车送女儿去参加全州的体操比赛，并且一切都安排好了，你可以从早上6点工作到中午，然后下午出去办事，都没问题的。当然这确实需要事先获得许可，并且保证在正常工作时间内我们可以通过电话或邮件联系到你。但如果你所在的部门业绩表现不佳，我们可能会严格一点儿，限制这样的请假行为。

奥多比分析了他们的工作流程，以便将员工工作和客户体验更好地联系起来。唐娜·莫里斯是客户和员工体验部的执行副总裁，她认为，许多组织发现将核心机制与体验模式结合会更容易。当员工和客户使用相同的产品时，员工也可以说是客户。作为其战略的一部分，奥多比鼓励员工代表客户的利益指出产品的问题。例如，一旦出现问题，任何员工可以立即报告。这些问题可能会被客户发现并且投诉，但在这之前问题已经得到了很好的解决。

为了了解哪些方面正在获得改善，哪些方面可能需要纠正，奥多比定期对员工进行调查，了解他们对公司和客户所做的工作是否到位。

总部位于加利福尼亚州埃默里维尔市的优质营养公司以一种有趣的方式帮助员工了解公司的使命、战略和绩效。这家营养公司每周一上午 9 点举行全体员工大会。在会议期间，与会人员一边喝着最新配方的高蛋白奶昔，一边了解各部门的最新进展。他们回顾了过去一周取得的成功和遇到的困难，以及接下来可能面临的任务和挑战。同时，他们还会突出强调团队成员的专业表现和个人成就。每季度还会召开一次公司会议，回顾本年度迄今为止的收入和利润。然后，公司全体员工都会参加一项有趣的活动，例如骑自行车穿过金门大桥。鼓励员工提出创新的想法是他们关注重要事情的另一种方式。从与狗狗一起上班日到举办慈善活动，他们提出了很多好的建议，管理了很多新的项目。公司总裁达西·霍恩·达文波特说："当把所有因素结合在一起时，你就会得到一个团体，这个团体在专业上挑战你，但在情感上甚至身体上都支持你。""优质营养公司最近被评为'最佳雇主'。我们非常自豪，因为这一结果是通过在职员工的反馈评选出来的。"

金融服务公司花旗集团的总部位于纽约，有 10 万余名员工参加了全公司的绩效管理系统，由管理人员监测目标，并对照目标监测员工的工作表现。花旗集团已经探索出一系列与其核心价值观相关的个人品质和能力，也就是所谓的共同责任，其中包括为客户提供优质产品和服务，以及始终秉持最大诚信原则。该公司通过绩效管理系统要求所有管理人员对这些个人品质和能力负责。

大萧条后,爱尔兰联合银行关闭了70家分行,裁员1.3万人。为了恢复元气,该银行请盖洛普公司做了一项员工工作热情调查,帮助领导层了解问题的症结所在,并帮助他们学习改进管理技能。他们还分享了最佳实践案例,为700名团队负责人提供一对一的指导,帮助他们增强团队凝聚力,并举办了一场名为"brand jam"的网上交流派对,以获取员工的意见。这些策略有助于确认品牌价值的归属。该银行还改变了内部沟通的语气,将极其正式的法律用语转变为更积极、更注重未来、更简单、更人性化的语言。爱尔兰联合银行的员工总体工作热情程度从81%上升到86%,这是盖洛普公司在欧洲所见的最大增幅。该银行的旷工率也下降了,并因此节省了120万欧元。

---

- 始终保持自己的信誉很重要,这需要第六感。当你的信誉受到质疑时,第六感会告诉你。你冥冥中能感知,你能在车间里听到,也能感受到这种信誉度的变化。要成为一名优秀的管理者,你必须拥有第六感。

——杰克·斯塔克,
SRC公司首席执行官

Accellent 是一家领先的医疗器械供应商，该公司的业务包括制造心脏移植手术所需的导管和外科手术用的小器械。Accellent 在美国 12 个州拥有 14 家制造工厂，在德国、爱尔兰、墨西哥、英国和韩国也有业务。该公司竭力让员工理解公司正在做的所有事情。为此，Accellent 采访了使用过他们产品的患者，制作了印有患者照片和个人故事的海报，并将其贴在所有办公室中。效果非常惊人，员工的整体工作热情逐年上升，这其中的部分原因就是员工真正明白自己所从事的工作给患者带来了福音。人力资源高级副总裁特丽西娅·麦考尔说：

> 这引发了一次对话。员工们明白自己的工作有意义也有价值。工作质量提高了，表现也更好了。我们会问："你的员工从来不偷懒，不走捷径，而总是全力以赴，你是怎么做到的？"你可以让他们思考他们正在做的事以及这样做的重要意义。

> 是否所有员工都了解公司的使命和高管的经营理念？要想真正融入企业，员工应该知道公司存在的原因、公司的基本价值观以及公司关心客户的方式。
>
> ——理查德·罗斯，
> TRI 公司总裁

## 案例研究：
## 为工作找到一个崇高的理由可以激发员工潜能

NeuKinetics Wellness（NeuVanta 公司的一个分支机构）执行副总裁威廉·B.卢西亚诺提出了他对员工潜能的看法：

要想激发员工潜能，需要找到一种方法，让你的公司不仅仅为了利润而存在。我称之为崇高的事业。这一崇高的事业可以提高员工的工作满意度，从而给他们带来幸福感，这反过来又使员工更加热爱工作。我们公司就是最好的例子。我们致力于帮助那些帕金森病患者，对患有这种严重的神经系统疾病的人来说，走路这样的日常活动都极其困难。

作为公司和项目团队的一员，改善数百万帕金森病患者的状况，对员工而言会有一种非凡的成就感。但多少公司能有这样的无私使命？或者说他们做得到吗？

对许多人来说，在一家工资高、福利好的公司工作是一个显而易见的明智决定。毕竟，高薪应该会给员工带来幸福感，幸福感又会提升他们的满意度，从而使他们更加投入地工作，对吗？不对。如果组织没有崇高的事业作为支撑，金钱对员工的激励作用很快就会消失。员工想要更多的钱，当这一点没有实现时，他们就会对工作漫不经心。我们需要钱来生活，当然，公司为员工提供的金钱奖励理应有上限，与全体员工分享公司的成功也同样重要。然而，光靠金钱永远也打造不出一支高度敬业的员工队伍，但是找到一个崇高的理由就不同了。

那么，公司如何做才能让员工热爱工作呢？我们是这样做的：

首先，展示客户对我们产品的满意程度，给员工看客户写的感谢信。我们的员工会参加客户和供应商焦点小组会议，以帮助改进和完善我们的服务体系，我们向员工展示其生产的产品如何让世界变得更美好。这对员工来说意义重大。

其次，我们的员工与我们的产品线有一对一的联系，很不可思议吧！这一点太重要了，因为每一个员工在服务市场的同时又深受市场影响。每个人都有家人、朋友或邻居，他们当中可能就有人患帕金森病或受到老年人平衡问题的困扰。要知道，有150万人患有帕金森病，另有1 700万人正受到平衡问题的困扰，65岁以上的老人会因此跌倒。员工个人越热爱自己的职业，他们就越关心自己的工作，就能更好地为外部客户和内部客户服务。在某种程度上，他们开始反思这家公司对所有同事意味着什么，以及自己的工作有多么重要。

第三，我们有一种真正关心服务对象的公司文化。公司及其员工需要心甘情愿地自我奉献——牺牲时间、不辞辛劳。这一切都从管理层开始。我们公司的管理层自愿在当地的帕金森病董事会任职。对于低收入地区，我们经常将项目经费捐赠给当地的帕金森病患者团体，用于康复训练项目。投入更多时间，更加关心所服务的市场，在个人理想的号召下，为有需要的个人或团体服务——世界上没有什么比加入这样一家公司感觉更好了。

> 无论你的文化背景、价值观和指导原则是什么，你都必须在组织的早期阶段就采取措施将其传递出去，以指导每一项决策、每一名员工和每一项战略目标。
> ——霍华德·舒尔茨，星巴克首席执行官

研究表明，无论是亲密的家庭关系、最好的朋友关系，还是牢固的同事关系，人与人之间的互动能创造最大的幸福。我做了一辈子销售，我知道，当我走进客户的办公室时，我代表的是整个公司。这就是我全力以赴的强大动力，因为我知道病人需要我，他们的家人也指望着我！公司里的每个人都对彼此负有同样的责任，也应该有同样的感受。管理层是传达这一信息的人，作为管理者，我们必须确保员工理解：在某种程度上，每个人对公司中的其他人都切实地负有责任。人与人之间的关系确实让这一点清晰可信，使公司的这份工作变得有意义——而这正是让员工热爱工

> 一个企业需要鼓励员工参与，要有使人快乐的公司文化，还需要激发员工的创造本能。
> ——理查德·布兰森，维珍集团创始人

作的动力所在。所以，作为一名管理者，让你的员工真正了解彼此非常重要。管理者与员工保持距离的文化已经过时了。当员工真正关心彼此时，他们就会自然而然地融入公司，成为共同纽带的一部分——为了同事、为了自己，最终也为了公司的发展。

# 优雅空间：
# 精神、环境、邀请"陌生人"和在公共场合学习

Hearthstone 是一家位于华盛顿州西雅图市的养老机构，他们每年都会策划一个主题，将其作为该组织所有成员的工作重心。去年的主题是"不吝友善，逾其所需"。今年的主题是"表感恩之情，显赤诚之心"。该组织的首席人力资源官约翰·保尔森表示，这些主题有助于调动员工的积极性，让他们做到"全力以赴"。"我发现道德领导力中心的优雅空间概念是一种很好的培训工具，可以提升我们的服务理念，让我们所有人都有机会真正发挥自己的潜力。"以下是对这一概念的简短介绍：

**精神：**
**有意地创造一个支持性的环境**

优雅空间可以唤起我们每个人都具有的同情心、好奇心和幽默感。当我们将这些带入人际交往时，我们就"处于"优雅空间。优雅空间的精神包括你自己的精神、团队的精神，以及两者融合而成的一种更强大的工作精神。优雅空间的精神帮助我们做出改变，成为我们希望成为的样子。

**环境：**

**关注物理环境**

优雅空间可以促进或阻碍我们与他人合作共事。把空间布置得简单、温馨、舒适，同时考虑其多样性或者历史，你可以创造一个方方面面都温馨周到的优雅空间。你需要确保布置与你的目标相辅相成，并特意添置可以让空间更为优雅的物品。

**邀请"陌生人"：**

**主动寻求他人帮助**

虽然实施方式有所不同，做起来不方便或让人不自在，但这可以体现欢迎他人并寻求他人的帮助，获得某些想法和观点的意愿和能力。邀请陌生人，我们需要确定这个空间需要谁，陌生人是谁，奇怪的想法是什么，以及我们可以从陌生人那里学到什么。在考虑复杂的新想法时，我们需要陌生人的帮助，以免因思想狭隘而采取只有短期效果的行动。我们每个人对别人来说都是陌生人，记住这一点会对你很有帮助。

**在公共场合学习：**

**放下执念，迎接可能**

在优雅空间里，人们会多听少评判。在公共场合学习，我们就需要暂停评判，承担风险，专注于学习。我们需要将分歧视为学习新东西的机会。在这个空间里,我们可以跨越边界,分享不同的观点,解决冲突,找到变革性的解决方案,为变革求创新。

**创造优雅空间**

①携汝精神。

②关注环境。

③邀请"陌生人"。

④共同学习。

# 5

# 工作内容

工作本身有很多要素（比如自主性、灵活性和挑战性）对员工有很大的激励作用，但是管理者常常会忽视这些要素。

员工需要了解雇主对他们的期望，并有机会在每天的工作中做自己最擅长的事情。这样，每项工作一开始就有明确的目标和期望。如何为员工设定目标非常重要，这不仅能够明确员工需要做什么，而且如果设定目标的方式正确，还可以让员工更有动力。设定最佳目标有三个要素：

①**最佳目标数量很少，目的明确**。关于同时处理多个任务的讨论已经很多，但一个人一次只能专注于一件事。所以，设定的目标越多，真正付诸实践的可能性就越小，更不用说完成所有目标了。

②**最佳目标不能难以企及，也不能触手可及**。如果目标太容易，我们就不会想着去尝试；如果目标太难，我们就会觉得难以实现，这也会使我们望而却步、放弃尝试。最佳目标应该介于这两者之间，有人说，理想情况下这样的目标有70%的实现可能。

③**最佳目标在本质上应是能够相互协作的**。告诉员工该做什么的日子已经结束了。你需要与员工一起讨论目标，听取他们的意见，获得他们的认同，使之成为你们共同的目标。否则，他们不太可能在工作时尽心尽力。如果你可以将目标与员工感兴趣的内容联系起来，那就更好了。

正如管理理论家弗雷德里克·赫茨伯格所说："如果你想让别人把工作做好，就给他们一份好工作。"找出你的员工最喜欢和最擅长的任务，并利用这些信息将他们与公司的相关需求联系起来。

> 如果某些东西有意义，我们就应该允许其存在。
>
> ——杰夫·韦纳，领英首席执行官

给予员工一定的自由，让他们灵活安排自己的优先事项，决定处理工作的具体方式，甚至允许他们选择工作时间，这样你就可以和员工建立起信任和尊重的关系，而不是"要么听我的，要么就走人"。只要公司的管理者能够为员工创造这些激励因素，他们的敬业度就会大大提升，也能够将工作做到最好。

在研究"什么最能激励员工"的过程中，我发现"弹性工作时间"是当今员工的最大动力之一。许多管理者和公司发现，允许员工灵活安排工作时间和远程办公可以激发员工潜能。对一些人来说，此举的吸引力在于可以减少每周花在通勤上的时间，还可以节省汽油或通勤费用。另一些人可能会发现，弹性工作制还能节省托儿费用，此外人们也有了更多时间陪伴家人。不管动机是什么，员工都喜欢掌控自己的工作，因此，他们觉得公司考虑到了他们的最大利益。提高工作灵活性的其他方式包括：

①轮换工作时间（提前上班，提前下班，反之亦然）。

②每周工作4天（工作日数量减少意味着每天工作时间延长）。

③远程办公。

④分工合作。

⑤允许员工在必要时提前下班，或者用休假来补偿员工加班的时间。

以下是如何使工作本身更好地激发员工潜能的其他例子。

> 人们一方面想学习新事物，一方面又希望自己对世界有所贡献，即他们正在做一件有价值的事情，很少有人仅仅受金钱的驱使而工作。人们希望自己所做的事情会对世界产生影响。
> ——弗朗西斯·赫塞尔本，
> 前领导力研究院院长

娱乐公司 ZinePak 允许员工自主安排工作时间,包括远程办公。其联合创始人基姆·考伯说,员工们在提高工作效率方面会想尽办法,但要想他们在上午 9 点前就坐在椅子上工作却很难。

---

位于堪萨斯州奥拉西的约翰逊县政府,各部门有权采取适合自身的运作方式。一本《激发员工潜能最佳实践手册》可指导每个人和每个部门制订计划。

---

游戏软件公司维尔福要求老员工帮助新员工制作一本"疯狂"手册,为此,他们贡献了很多有趣的图画和短语。

---

古驰首席执行官马可·比扎里说:"决策者应该是知识最渊博的人,而不是最年长的人,一个 25 岁的年轻人也可以是决策者。"为了获得一个不同以往的全新视角,比扎里定期与两个委员会(Comex 和 Shadow Comex)的成员沟通协商,两个委员会的成员年龄均不超过 30 岁。

---

杜邦公司是一家位于西弗吉尼亚州贝尔市的化学品制造商,其前工厂经理理查德·诺尔斯发现,他给员工设定目标时通常期

望值太低。因此,他不再为员工设定目标,而是在员工发现工作的意义时,由他们自行设定目标。

------

百思买是一家位于明尼苏达州里奇菲尔德市的电子产品零售集团,其通过塑造结果导向的工作环境,允许员工自主决定工作的地点、时间和方式,前提是他们能取得预期结果。员工在核心工作时间内工作,并有充分的自由来决定自己的工作安排。该公司称,员工在以结果为导向的工作环境中,工作效率提高了35%——当全部 4 000 名员工都在这样的工作环境中工作时,公司每年将节省大约 1 300 万美元。

------

在线音乐巨头潘多拉媒体公司的创始人兼首席战略官蒂姆·韦斯特格伦将决策权下放给了潘多拉的员工。结果是公司形成了一种员工高度参与和热爱工作的文化,同事间建立起了深厚且持久的关系。新员工第一天上班时,公司会安排专人向他们介绍潘多拉的文化,比如做决策的人越少越好。韦斯特格伦说,这种方法给公司带来了十分积极的影响:"你变得更加灵活,因而能够快速做出决定,这节省了员工的时间,

> 要创建一个员工了解更多、关心更多、做事得当的公司,提高个人参与度是最有效的方式。
>
> ——爱德华·劳勒三世,
> 南加州大学教授

提高了他们的效率，使他们更开心，也给了他们一种真正的主人翁感。"

---

The Related Group 是一家位于佛罗里达州迈阿密市的建筑公司，其创始人、董事长兼首席执行官乔治·佩雷斯表示，公司最重要的决策由员工定夺，这对公司的长期发展至关重要。佩雷斯称，要招到有正确决策技能的合适员工，公司可以做以下几件事：

①**在招聘上花心思**。佩雷斯的理念是，如果你在招聘上多花些心思，那么之后管理员工就会轻松很多。你必须花时间去物色和雇佣那些明星员工。

②**创建个人路线图**。为每个员工设定目标，然后在其工作过程中给予表扬和纠正。

③**给员工更多风险**。逐步给予员工更多权力也让他们经受更多风险，他们在公司待的时间越长，越表现出有风险处理能力。正如佩雷斯所说："先给他们小型摩托车的钥匙，然后再把哈雷机车的钥匙交给他们。"

---

帕克里奇医院是一家位于北卡罗来纳州亨德森维尔市的医院，其员工有权在服务出现问题时（例如，因所需检查设备损坏导致患者要等上几个小时）向患者表示歉意并递上小面额礼品卡。

---

在互联网服务公司谷歌,对于自主选择的项目,工程师可以投入高达 20% 的工作时间。该政策催生的谷歌产品包括 Gmail、Google News、Orkut、Google Sky 和 Google Grants。

在线零售商美捷步授权呼叫中心服务代理自行判断,如何尽一切努力让公司客户开心,不过他们不像其他大多数呼叫中心那样,有预先写好的脚本和时间限制。该公司的年收入正在快速增长,直逼 20 亿美元大关。

位于加利福尼亚州文图拉市的户外服装制造商巴塔哥尼亚公司允许员工制定个性化的工作时间表,员工能够在工作日去做自己喜欢的事,包括早上冲浪或下午远足。这样员工不仅与雇主有了更多的接触,而且与公司销售的产品的联系也更紧密。

> 我们面临挑战——但挑战总是让我们变得更优秀、更强大。
> ——马克·帕克,
> 耐克首席执行官

位于加拿大安大略省多伦多市的激励公司 Achievers 的员工可以在他们选举出来的愿景委员会中担任领导职务。委员会成员每周花大约一天时间设定委员会的目标,比如修改公司着装规范,开展新的营销活动,等等。当公司搬到一个比过去办公空间大三倍的新办公场所时,文化办公室小组成员的任务是打造员工休息区，包括调整公司和部门的目标。

位于俄亥俄州托莱多市的汽车零部件制造商德纳公司要求每位员工每月至少提出两项改进提议。如果提议的变更费用不到500美元，那么员工不需要征得工厂经理的同意就可以自行实施。这个名为"聪明的想法"的项目为德纳公司省下了数百万美元。

> 我认为，我们的故事证明，如果给普通员工机会和鼓励，让他们尽最大努力，他们可以取得的成绩是没有上限的。
> ——山姆·沃尔顿，沃尔玛创始人

总部设在英国的英国飞行中心旅行社鼓励其自营门店将自己定位为享有更多自治权的半独立店。店里的六七个员工每个人都有不同的工作角色，如营销、财务和客户服务。总经理克里斯·格兰迪说，员工感觉自己就是企业管理团队中的一员，在管理过程中学到了很多新技能。"这是一家面向客户的公司，更敬业的员工能提供更好的服务，赚更多的钱。"

希尔克普能源公司鼓励每位员工"像公司老板"一样工作，并且"将决策权下放给一线员工"。现金买进计划允许员工入股公司的部分项目，还可以年终分红，员工称这是对其努力工作的回报。员工每年获得的平均奖金约为其工资的36%，拿到工资60%

奖金的员工也并不罕见。

为了持续查看在线顾客的反馈，纽约珠宝公司 BaubleBar 创建了一个名为 SWAT（配饰人才服务）的专门团队。公司的联合创始人丹尼尔·雅科博夫斯基说："有一次，一位要当伴娘的顾客因为她想买的耳环卖完了而沮丧不已。一名 SWAT 造型师找到了这对耳环的样品，并及时送到了她手上。"

Slice 公司创始人兼首席执行官伊利尔·塞拉说，他们公司从事的是比萨预订业务。塞拉说："以前，如果顾客抱怨比萨不好，我们就会带他们去找比萨店，因为我们只负责预订业务，但现在我们必须负责解决全部问题。"该公司现在以网络和线下门店两个渠道解决顾客投诉问题。Slice 员工会立刻上报顾客的在线投诉，并直接在线回复。任何人都可以看到问题是如何解决的。

> 需要重视质量和生产率，这是一线工人更多参与生产决策的另一个原因。相比那些仅能提供有限的专业服务的员工，灵活熟练的员工可以提供更好的服务。
>
> ——雷·马歇尔，
> 美国前劳工部部长

基因泰克、乔治敦大学医院和赫曼米勒等公司允许员工自由安排工作时间来完成自选项目。基因泰克研究小组的高级人事经理霍利·巴特勒说:"拥有可自由支配的时间是员工想在基因泰克工作的重要原因,这里是科学家的乐园。"

为了鼓励员工创新和提高他们的工作幸福感,澳大利亚软件公司阿特拉斯的联合创始人斯科特·法夸尔和迈克·坎农-布鲁克斯要求员工花一个工作日的时间处理任何与工作无关的问题。因此,阿特拉斯开发了一系列新产品,也有能力解决现有产品的问题。这一制度现已成为阿特拉斯工作环境的重要组成部分。

由于员工满意度低,佛罗里达州圣露西港医疗中心的员工年流失率高达35%。管理层对员工的能力和责任进行分析后,完善了人才库,并提出了建设和调整团队的好想法。结果是:两年后员工的整体流失率大幅下降。护理岗位的员工流失率下降了近50%,医生满意度上升了72%。与同类医院相比,患者满意度提高了160%。

在加利福尼亚州为期一年半的运营期,丰田公司的北美配件中心不经意间变成了西方传统的主管-员工文化模式。为了改变这种文化,公司派所有经理参加了为期4天的研讨会,研讨会的目的是了解每个员工的才能,参会者就如何更好地施展员工的才能提出了方案。此外,仓库员工还参加了关于制订计划的午餐学习会，从而更有效地发挥他们的才能。这使 54 个团队共 400 名员工在一年后的整体生产率提高了 6%，研讨会参与者的生产率更是提高了 9%。

在视频游戏开发商维尔福软件公司，没有经理，也没有员工等级，员工之间只是合作伙伴关系。新员工由委员会负责选拔录用，每一个人都可以参与公司的任何项目。奖金发放和纪律处分由同事间互相评价后决定。结果是：该公司现在的市值为 41 亿美元。

> 如果你把自己当公司老板，你就不会总担心踩到谁的脚趾，而是会花更多时间思考如何推动公司发展。
>
> ——詹姆斯·米汉，通用电气公司经理

开市客（Costco）是一家位于华盛顿州伊瑟阔市的大型仓储式超市，每一家开市客商店的员工都享有充分的自主权。仓库经理有权招聘和管理员工，公司总部对此几乎不插手，只提供书面管理指南。每三年，员工会就管理指南给出反馈，这通常会改进管理。

位于旧金山市的建筑公司晋思建筑事务所给员工极大的自主权，员工可以自己选择工作地点。员工调查显示，此举带来了更多的创新、更高的工作满意度和更好的绩效，并提高了在开放区域工作的员工的注意力。

> 我的目标是给他们提供走向成功的工具,但是他们要负责执行我们的商务计划。
> ——史蒂芬·霍尔姆斯,温德姆酒店集团董事长兼首席执行官

为设计新的公司制服,阿拉斯加航空公司对数千名员工进行了调查,以了解他们的偏好、需求和建议,公司还举行了许多焦点小组会议。员工最强烈的要求是制服要多一些口袋、款式永不过时,最好还能突显身材。为适应机组人员需要在不断变化的气候环境下工作的特点,新制服还采取了可以套穿的独特设计。

施乐公司的一家客户服务中心将工作时间表交给员工,由其自行安排。由于员工自己负责日程安排,公司的员工士气高涨,客户服务水平也有提高,旷工率降低了30%。

位于旧金山市的参考国际软件公司允许客户服务代表每周有一天参与他们自选的项目。结果是:公司有了更好的系统、新的畅销产品,并且大大提高了员工士气。

必胜客的总裁亲自询问员工应该如何避免不必要的文书工作

以及如何改善他们的工作条件。结果是：公司管理层精简、文书工作减少、销售额增长 40%。

纽柯钢铁公司的高管们表示，几乎所有最好的点子都来自车间工人，而且这些好点子经常是由新员工提出来的。正因如此，最新招聘的工人被派往现有工厂寻找改进机会，而工龄较长的工人则被派往新收购的工厂，看看能从那里学到什么。为了最大限度地精简管理层，纽柯已经将过去由主管负责的工作，如订购零件，交由一线员工完成，而工厂经理的工作则交由主管完成。首席执行官丹·迪米科说他手下的执行副总裁就像"迷你首席执行官"，自己则是他们的董事长。

查琳·佩德罗利是位于弗吉尼亚州的罗威家具公司的制造主管，他认为员工应当自己设计工作方式。他们之前的工作方式是每个人负责整个过程的部分环节，而现在每个人都经过交叉培训，共同生产一个产品。

位于俄亥俄州的 Monarch Marking Systems 有限公司的管理者制定了一套"简单的小规则"来改变员工的观念。他们要求员工参加专门为改进特定绩效指标而组建的团队。员工需在 30 天内组建团队、研究问题并实施解决方案。超过 100 个团队取得了成功，并提高了整个公司员工的工作热情。

美国第四大金融咨询公司爱德华·琼斯公司面临削减成本的困境：要么裁员，要么找到其他方式节省1亿美元以扭亏为盈。公司向其员工征求降低成本的方法，然后从中选出了最好的方法。结果显示，公司节省了1.2亿美元，并收获了员工对公司的忠心。

## 案例研究：
## 让单调乏味的工作变得有吸引力

通常，经理会想："我们怎么样才能让单调乏味的工作变得有吸引力？"第一步是至少去尝试一下。一流的员工激励专家凯文·谢里登在他的著作《构建磁性文化》中分享了这类工作的例子。

苏珊·扬是明尼苏达州明尼阿波利斯市固体废物和回收利用中心的主任，她已经在该市工作了20多年。她逢人便夸明尼阿波利斯市是世界上5个最干净的城市之一。扬负责监管158名正式员工以及一大批合同工。她说她手下的员工特别敬业，原因有很多，包括"在这里，我们有明确的工作目标，打造一个干净的城市是一份好工作"。

扬的员工不用担心失业问题，工作稳定是众多从业人员希望得到的。扬说他们每天都有钱赚，因为明尼阿波利斯市是明尼苏达州少数几个不外包垃圾管理服务的城市。只要他们能继续提供符合成本效益的服务，他们的工作就不会外包给外面的公司。工作有保障是留住员工的主要因素，他们努力工作是因为他们觉得自己的命运掌握在自己手中。

扬的许多员工都是独立的劳动者，他们喜欢在"没有人一直盯着他们"的环境里工作。员工可以自主决定要不要出去工作，工作完成就可以回家。这种自由能够激励员工努力工作，以便尽快下班，更好地平衡工作和生活。

为将明尼阿波利斯市打造为宜居城市做贡献也是他们努力工作的一大因素。他们可以看到自己的工作所带来的积极变化，这让他们有一种职业自豪感。扬也希望通过金钱奖励激励员工，可惜资源有限。在年度员工活动中，她每年都会自掏腰包，拿出一小笔资金作为给员工的奖励。一年中缺勤不超过一定次数的员工有资格获得奖励。她发现这是奖励最佳员工的好方法，也是向他们表示关心的好方法。因此，员工非常珍惜在明尼阿波利斯市的这份工作，有些人已经在该市工作30年了。

# 6

# 高管与员工的关系

**高管们可以高谈阔论,但员工们最看重的是他们的实际行动。**

众所周知,大多数组织的效率取决于高管的领导力和专注力,而这首先要看首席执行官的能力。因此,公司要强调什么是工作的重中之重,为什么要优先处理某些工作,组织的高管需要经常露面,做到言行一致,这一点非常重要。这就需要高管身体力行,做出表率。事实上,与员工潜能相关的研究显示:"高管露面的频率"和"对员工的关心程度"的关联非常密切。

高管与员工之间的关系在推动组织的使命和战略方面也至关重要。我曾经听过杰夫·伊梅尔特在担任通用电气公司首席执行官时的公开演讲。有人问他："作为一家大公司的首席执行官,你是怎样做到让每个人都朝着同一个方向努力的呢?"伊梅尔特先生回答:"唔,我可以告诉你怎么样才做不到。你不能突然心血来潮,宣布公司要力争获得 ISO9000 认证,然后在接下来的 6 个月又没有任何动静。再然后,某一天你突然问'ISO9000 认证这件事进展如何?'这可能吗?对企业至关重要的事情你必须亲力亲为。"

本章将通过案例展示当今企业是如何在高层管理以及高管的可见性方面做出积极改变的。

---

艾伦·穆拉利在担任福特汽车公司的首席执行官时,会让管理团队的每个成员邀请两位员工参加他们的高管会议。这么做既提高了行政管理的透明度,也让每位员工有机会展现最好的一面。

---

> 你必须与人为善、招纳贤士,确保他们有足够的动力,给他们足够的工作自由,无论其是对是错。
>
> ——理查德·布兰森爵士,
> 维珍集团创始人兼董事长

虚拟货币交易公司 Coinbase 的总部位于加利福尼亚州旧金山市，几乎每周五下午，首席执行官布莱恩·阿姆斯特朗都会在总部的咖啡厅召开一个非正式会议。他鼓励员工过来坐坐、提些建议，或询问和公司业务相关的任何问题。

太空探索技术公司的创始人兼首席执行官埃隆·马斯克则会定期给员工发邮件、做演讲，鼓舞他们。他还邀请了乔治·塔伊和杰里米·埃德伯格等名人来为他的员工做演讲。

赫伯特建筑公司坐落在亚特兰大都会区，其总裁道格·赫伯特只要有时间就会停下手中的事情，在新员工入职会上露个面，和员工们简短地交谈几句，感谢他们加入公司，并且和员工们分享在本公司要想取得成功需要做的三件事：

→ **做事高效**：如果老板要他们从卡车上搬木材，要一次搬 5 根，而不是分成 5 次，每次只搬一根。

→ **不断学习**：新员工大多技艺不精、经验不足，他们要多向老员工学习，不懂就问。然后他们可以勇挑重担，让自己在公司更有价值，也能赚更多钱。

→ **安全第一**：必要时可寻求帮助（例如搬运重物），并注意工友的安全。

如果员工有什么疑问或建议,赫伯特鼓励他们直接和他沟通。赫伯特说:"如果员工看到公司老总对他们的加入表示感谢,员工有什么问题也可以直接找他,那么他们会觉得在新公司有一种更强的归属感。"

----

维拉医疗保健服务公司位于伊利诺伊州的斯科基市,迈克尔·塔特贝姆是该公司的人力资源副总裁,他说:

作为领导,我其实是为大家服务的,工作中我非常关注史蒂芬·柯维提出的信任的速度这一理念,即沟通–信任–行动。柯维博士谈到花时间与他人沟通,建立信任,然后采取行动的重要性。领导者(以及其他人)倾向于直接采取行动。我在公司举办了"咖啡座谈会"活动,这是一个让我阐释这一理念的好机会,通过与员工的沟通交流,也让我有机会实践这一理念。"咖啡座谈会"每月举办一次,每次最多只能有6名员工参加,员工自愿报名。不过这在公司内已经掀起了一阵热潮,大家都踊跃报名,参与活动的积极性很高。我们在"咖啡座谈会"上分享交流时会把握好时间,尽量让大家开心而来,满意而

归。我一直在说脆弱的力量，其实每个人都有关于自己内心脆弱的故事。因此，团队成员意识到，我们原来大同小异。目前只有我的部门举办"咖啡座谈会"，不过可以预计，这种活动形式很快就会扩展到整个公司，因为它在很多方面都非常有帮助。

希瑟·马查多曾在康涅狄格州的哈特福德医院负责护士招聘及留任的工作。他们制订了一个叫"60天新手期"的计划，以确保新聘用的护士在职业生涯早期就有机会与高管对话。为了了解新护士在入职后的想法，60天后医院会展开入职调查。三个月后，医院会诚邀这批新入职的护士吃早餐或者午餐，收集她们在入职后的反馈。"主管护理的高管出席并听取了反馈意见。我则担任了协调人。"马查多说。

为了烘托气氛，我们会播放古典音乐，摆上蜡烛、气球以及印有"欢迎"字样的餐具垫。利用我们的十大领导行为和核心价值观，单是通过倾听、认可和采取相应的行动，我们就能在第一年内留下25名新护士。相应的，我们第一年的护士留任率达到95%，在员工流失率这一项指标上就节省了160万美元。

之后我们又采用了新的研究生护士计划。在全国和各州公布倡议书和聘用结果。我们的主要发现是关系很重要：

➔ 和直接上司——护士长的关系很重要。

➜ 融入新环境时，与医疗团队的关系很重要。
➜ 护士需要资源和工具才能做好自己的工作。
➜ 针对工作环境的简化入职培训流程至关重要。
➜ 根据护士的反馈加以改进。

The Granite Group 总部位于新罕布什尔州的康科德市，在 6 个州拥有 34 个办事处和近 500 名员工。"我们的一大竞争优势就是我们的员工，我们为拥有一支知识丰富、训练有素的员工队伍而自豪，"人力资源高级副总裁特蕾西·斯邦恩伯格说，"我们的业务和文化是由人际关系驱动的，我们的高管帮助公司培养了这种以关系为导向的文化。"

高管必须定期访问每个部门，这是他们日常工作职责的一部分。这样加强了分散在各地的各个分部和员工之间的联系，也有助于增强团队对高管的信任，而员工是否信任高管恰恰是很多组织都很头疼的问题。"尤其是我们的首席执行官比尔·康德伦，他花了很多时间去各部门走访，"斯邦恩伯格补充道，"他可以随时走进任何一个部门，任何员工不会因此感动或紧张。他记得每位员工的名字，这对员工来说意义重大！"

德怀尔工程公司位于弗吉尼亚州的利斯堡市，公司总裁马特·德怀尔写道：

我一直尝试在公司内组织团建活动，但总是不见成效。我觉得我的点子很好，比如组织棒球赛或帆船运动之类的活动，但是员工们似乎不感兴趣。这些活动都安排在周末举行，我周末都有空，活动也全是我喜欢的，可大家都兴致不高，这还是往轻了说。我也不想在每人身上花 100~150 美元（我们公司举办的活动都会邀请员工的家人或者其他重要的人参加），还被大家认为参加这种活动是逃不掉的任务。另一位高管也试着组织大家搞团建，但也是无功而返。

我知道我的出发点很好，但是执行起来却遇到了问题。和很多公司一样，团建是围绕老板的爱好（高尔夫之类）举办的活动，公司会将活动安排在老板方便的那天，但这对大多数员工来说却非常不便。所以即使老板买单，大家也认为这是一种负担。

鉴于此，我们改变了做法，把这件事交给乐于牵头组织的年轻人来办。让精力充沛的"年轻人"来安排活动，事情就变得完全不一样了。我们给他们一笔预算，告诉他们可以带家属参加活动，这样他们就能获得大多数人的支持，然后我们保留否决权（脱光了在泥巴里摔跤这样的活动还是不太好）。那几个年轻人一商量，给出了一份活动方案。我否定了其中一个想法，然后他们用"调查猴子"这个在线调查网站找到了公司员工最喜欢的活动和最具包容性的活动（往往这两个活动不同）。然后他们使用 Doodle 这个软件找到了一个大家都合适的日子。结合所有因素，我们最终决定在一个周五的晚上花几个小时享受一顿中世纪的晚餐和一场中世纪的骑士对决[①]。一些有小孩的员工还带了孩子过来，和我们共度一晚。全体员工都认为这个活动的意义非比寻常。整场活动激励了那位受命负责组织活动的年轻员工，我们后来又举办了几场团建活动，每次都非常成功。我们上次是在达拉斯的体育娱乐社区 Top Golf 举办了一场半室内高尔夫球比赛，包含晚餐和自助饮品。

一方面，高管们出于职责做了某些事情，却又吃力不讨好，这件事总是具有讽刺意味；另一方面，年轻员工把它当成展现自己和享受乐趣的机会，我们也很高兴他们能帮我们组织活动，不过我们是一段时间之后才意识到这一点的。他们做了高管们从未考虑过的事情，但结果却分外有趣！

> 我们公司的运营完全得益于 18 万名员工齐心协力，携手前行。
> ——布赖恩·邓恩，
> 百思买公司首席执行官

西南人力资本公司位于新墨西哥州阿尔伯克基市，公司的创始人兼首席执行官是米歇尔·摩尔。当她还在中央情报局工作时，

---

[①] 译者注：美国人的一种娱乐方式，典型的去处是 Medieval Times，一个包含晚餐的马术秀，买票入场后，会被当成"国王"的贵宾，观看一场具有中世纪特色的骑士对决表演、欧洲古典马术表演并享用中世纪风格的晚餐。

她的团队负责人会定期邀请初级员工和最高管理层共进早餐。这样做的效果非常好，因为初级员工能在一天工作开始前就得到上司的充分关注。

我也见过有些人一次只邀请一位员工，我觉得这样做更好，因为这样上司和下属可以展开更直接的对话。这类活动刚开始的时候，上司会觉得自己是给员工面子才和他们一起吃饭，但往往最后上司会觉得时间花得很值，因为和员工聊聊天他们就能知道公司里正在发生什么事。这样就使公司内部保持了开放的沟通渠道，这对公司战略调整和激励士气来说非常重要。

亚拉巴马州东北部地区医疗中心位于该州的安尼斯顿市，其在安尼斯顿市和杰克逊维尔市设有三家医院。该中心的顾问唐·斯塔基表示，高管正在努力让员工更多地参与中心业务。

该中心首席执行官路易斯·巴斯每月会和所有中层管理人员开一次会，每次他都会邀请一名或一组员工参加会议，在会上公开表彰他们的出色表现。那他怎么知道该表彰谁呢？他在整个医院设立了多个"CEO信箱"，这样他就可以收到各方面的反馈信息，他还定期走访基层倾听员工意见。表彰时，他会将员工带到会议

室前面，给中层管理人员讲述他们的故事，然后递给他们一个装有礼品卡的信封。执行团队每季度都会举行一系列市政厅式的会议，邀请每位员工参加，并告知他们公司的发展运营情况。

在亚拉巴马州东北部地区医疗中心，组织的战略和使命非常重要，员工可以通过多种方式了解。中心会在所有员工入职培训的时候宣讲中心的战略和使命，医院里很多地方也贴着标语。中心根据员工为目标所做的贡献和愿景践行情况来评估其绩效，中心的愿景是"竭诚为人们提供最先进的医疗保健服务"。

斯塔基创建了一所企业大学——RMC 学院，中层管理人员在此可以接受大约 20 个不同主题的培训，包括如何激发员工潜能，如何获得认可，如何进行人才选拔和设定期望值，等等。

戴尔·道廷写过很多关于领导力方面的著作，比如《有天赋的老板》和《你工作快乐吗？》，他曾经讲过路虎美国分公司创始人查理·休斯的故事。

休斯曾组织了一次度假村团建之旅，他在于此召开的研讨会上邀请所有员工参与讨论公司的使命、战略和愿景。他没有选择以乏味的 PPT 来做展示，而是举办了一场"我爱产品日"活动。他想和所有人分享开路虎揽胜越野车的刺激，于是就让工程师租了一台挖掘机,在一片空地上挖出一条测试跑道。这种驾驶体验十分震撼人心,现在公司在各经销店都会设置这样的测试跑道。毕竟,潜在客户如果能亲身体验这样的驾驶感觉,那么他爱上这款车型的概率会更大。想象一下,如果公司的使命是"把产品做到极致,让客户爱不释手的同时还帮助我们做宣传",那真是一举两得的事情。

你可能会想:"你卖的是路虎揽胜这样的好车,举办'我爱产品日'当然没问题了。"不要这样想。总部位于芝加哥的温泽勒传动齿轮制品公司主要为汽车行业生产塑料零部件,目前公司正蓬勃发展。公司首席执行官约翰·温泽勒是这样把齿轮产品变成人们喜爱的艺术品的:

→ 委托别人制作齿轮艺术品。
→ 请一位时装设计师用齿轮做一件连衣裙。
→ 在一家齿轮厂办了一家艺术画廊。
→ 将齿轮做成钥匙圈和耳环。

这才是对产品的热爱,即使你的产品看起来并没那么可爱。所以无论你卖什么,都没有任何借口说干不下去了。一句话,你要干一行爱一行,否则就转行。

## 案例研究：文化建设

Health IQ 是一家总部位于加利福尼亚州山景城的人寿保险初创公司。公司首席执行官曼贾尔·沙阿一直坚持用三种策略不断提升公司的企业文化影响力：

①**亲自面试求职者**。"公司规模扩大得越快，首席执行官就应该越多参与招聘环节，以保证决策质量不仅不会下降，而且还能提高。"沙阿说。公司 90% 的求职者都是由他亲自面试的。

②**开放办公时间进行民主化指导**。"公司要不断扩大规模，就要帮助员工提高专业技能。"沙阿说。他办公室每周都会开放一段时间，公司里的任何人都可以进去和他交流。

③**每天都给予员工认可**。沙阿指出："你对员工越认可，公司的文化就越积极向上。欣赏永远不贬值。"每天下午，整个 Health IQ 团队都要开会一小时，表扬成员们取得的成绩，那些不能到会的员工则通过网络电话远程连接会议现场。

---

> 领导力就是说服和激励一群人去做他们通常不会做的事情，直至成功。
>
> ——约翰·布罗克，
> 可口可乐公司董事长兼首席执行官

Hireology 是一家总部位于伊利诺伊州芝加哥的招聘和人才管理平台，它的联合创始人兼首席执行官亚当·罗宾逊和业务开发副总裁凯文·巴姆格特都知道，掌握正确的谈话方式对员工发展有重大影响。柯丽·费恩初来公司时总觉得自己的工作没有起色。公司给她设定了很多指标，像实际销售额这样的硬性指标，实际上并不一定能如实反映她付出的努力。入职的前三周她就拨出了 900 多个电话，但是销量却不尽如人意。这时候亚当和凯文找她谈话。费恩说："他们没有责备我，而是说，'我们为你每天的努力而感到骄傲。我们知道你一定会渐入佳境的'。"这些鼓励的话语触动了她，她决心要提高工作表现来证明自己。在谈话后的几周内，她的业绩开始有了很大提升。此后 4 年内费恩得到 6 次晋升。

贝瑞希尔·巴哈烧烤是位于得克萨斯州休斯敦的一家墨西哥连锁餐厅，其创始人、总裁兼首席执行官杰夫·阿农对待员工如同对待自己的家人。他因此打造了一支富有活力、工作高效的员工队伍，员工人数超过 250 人，年销售额超过 2 200 万美元。阿农说："我们也会和员工的家人打交道，赞助他们的少年棒球队，参加他们的婚礼。我们就是一个大家庭。"

韩国首尔的 SK 集团是一个集能源、化工、电信和贸易为一体的联合企业。高管们定期与员工举行讨论会，让他们了解公司取得的成绩和遇到的挑战，还有 SK 的销售业绩及其增长幅度。

耶利米·西蒙斯是纽约市皇后区的麦当劳快餐特许经营商，他知道讲好故事能激励员工发挥出最佳水平。西蒙斯说："我告诉所有员工，我最初和他们是一样的。他们知道我的经历，我做过汉堡包，当过收银员，拖过地。"西蒙斯 18 岁进入麦当劳，所有入门级员工的活儿他都干过。不到三年，他升为门店经理，将门店的年销售额提高 44% 至 390 万美元。如今，西蒙斯拥有两家麦当劳餐厅。他激励了很多员工学习的热情和奉献精神。

佛罗里达黑豹职业橄榄球队俱乐部在佛罗里达州的森赖斯市，迈克尔·约马克是球队的主席兼首席运营官。每周一，他都会给黑豹队的工作人员开一个小会。每天早晨，他都会发出一封问候邮件，欢迎员工上班。约马克说："我会提醒我们的员工，我的办公室大门永远向大家敞开。而且，从员工的角度来看，无论是刚入职的新员工还是工作多年的老员工，都希望感受到自己对公司的影响。"

约翰·费泽曼是位于宾夕法尼亚州西切斯特市的第一切斯特县公司及其全资子公司切斯特县第一国民银行的董事长兼首席执行官。他认为，有趣的职场更能激发员工的工作热情。他曾穿着猫王埃尔维斯的连体紧身衣登上第一国民银行的花车，参加当地的圣诞游行活动。费泽曼说："我尽量让更多员工看到我。例如，我们每周都举行一次管理层会议，每次开会的地点都在银行的不同地方。我会到得很早，和进来喝咖啡的员工交谈。"

纽约市的洛斯酒店董事长兼首席执行官约翰·蒂施同意参加现在很热门的TLC有线网络电视节目《现在谁是老板？》。在为期4天的录制中，他在洛斯迈阿密海滩酒店干了各种不同的一线工作，包括清扫浴室、下厨烹饪、推清洁推车以及将行李送到客房。这几天的经历让蒂施意识到，需要对公司内部尽快进行调整，比如为员工定制新制服。此外，蒂施为酒店高管团队制订了一个新计划，让他们每年到不同部门进行短期轮换。轮换结束时，高级经理会与部门员工进行圆桌讨论，查找问题的症结所在。

经过一系列收购后，美国嘉吉公司跨国业务部门的高管们遭

> 开着租来的奔驰驶出宫殿般的豪宅是没法削减成本的。你必须回归现实,和自己的团队同呼吸共命运。
>
> ——戴维·法拉利,
> 阿格斯管理公司总裁

遇了严重的信任危机。员工对这家农业综合企业巨头的极度不信任甚至蔓延到了跨国业务部新上任的高管身上。为了扭转这种局面,该业务部门的整个高管团队前往各办事处(包括6个国外办事处),以小组的形式与员工进行面对面交流,询问员工高级经理能为他们做些什么。通过这一举措及其他相关措施,员工对高管团队的信任程度在短短18个月内提高了一倍。据嘉吉公司的组织效能顾问萨拉·斯特里尔说:"他们真是说话算数的行动派啊!只要下定决心干一件事,立马就去干了。这样的行动力确实很有说服力。"

基思·万是俄亥俄州哥伦布市哥伦布博览会汽车拍卖行的首席执行官兼总法律顾问。他发现征求员工想法的最佳方式之一就是与他们共进午餐。为此,万和执行团队每年都会多次邀请公司的700名员工,让他们暂时放下手上的工作,一起边吃午餐边聊如何改进工作方式。万说:"我们的一些最好的想法都来自员工。他们经常坐在一起相互讨论:'我们为什么要这样做?','因为我们一直是这样做的'，'因为这样做效果会更好'。"员工的点子让公司年收入增长到3 850万美元。

---

新上任的三菱汽车北美区首席执行官春成敬认为，最近一年，美国公司的业务损失超过20亿美元，要扭转公司颓势，就需要重新赢得经销商的信任。在他上任的头两个月，春成敬亲自拜访了29个州的139家三菱经销商，目的是了解经销商都有哪些顾虑。在他上任后的一年里，三菱在美国的销量增长了8%，三菱也因此获利500万美元。春成敬说："拜访经销商就像要去他们家里拜访一样。"这传达了一个信号——"我们很感谢他们"。迈克·格雷伯是加利福尼亚州圣贝纳迪诺的一位三菱经销商，他说："我们终于觉得高管愿意倾听我们的声音，知道我们在顾虑什么了。"

---

在被提升为规划部门主管后，英国电信网络（前身为英国电信）的一位高级经理邀请他的两名团队成员（一名经理和一名一线工作人员）给他录制了一段三分钟的采访。在采访中他们只问了一个问题："鲍伯，你脑子里在想什么？"然后高级经理说出了他最关心的问题。接着，这段视频会在定期召开的团队会议上传给其他员工，并公开邀请他们在公司内网的专门板块发表评论。这个采访视频非常成功，以至录制这样的视频变成了月度活动。英国电信批发租赁部员工潜能和内部沟通主管安德里亚·怀亚特-巴

德表示：

就目前他收到的电子邮件来看，他觉得他的团队比以前更加忠诚也更为敬业。他们彼此之间的交流更坦诚，员工不只是告诉他好消息，而且更容易领会他的愿景规划，并知道向哪个方向努力。

位于伊利诺伊州森林湖的《财富》世界500强汽车零部件制造商天纳克，其高管的高流失率在一定程度上导致公司内部缺乏信任，这让员工普遍不满。天纳克的高管开始坦诚地与一线员工交谈，重建信任的桥梁，转机由此出现。这一举措让公司80%以上的员工相信公司已走上了正轨。

> 我们有意消除管理层与员工之间的差异，所以我们没有指定停车位，也没有经理专用餐厅。每个人都戴同样颜色的安全帽——绿色的安全帽，就算是总裁也不会戴顶金帽子。
>
> ——肯·艾弗森，
> 纽柯钢铁公司首席执行官

金基明是韩国首尔面料制造商纳山集团（该公司后来更名为 F 公司）的前首席执行官。他特意强调要记住员工的姓名，和他们交流的时候要能叫出他们的名字。在接受《韩国先驱报》采访时，金说：

> 一家企业创始人要想获得个人成长，就要放手让公司里的其他人成长，这样，他们才能各自让自己的生活有意义。
>
> ——保罗·霍肯，史密斯＆霍肯园艺工具公司首席执行官

公司 391 名员工中我能叫出名字的大概有 250 名，而且只要有机会，我都会叫他们的名字。我认为这有助于提升员工的士气，帮助他们表现得更好。

---

尼克·雷德是英国纽伯里的移动通信产品制造商和服务提供商沃达丰集团的亚太和中东地区首席执行官，每个月他都以拍视频的形式向超过 350 家分店和办事处的 1 万多名员工发送最新消息。员工可以通过公司内网在手机或电脑上查看消息。

---

汽车制造商克莱斯勒发起了名为"供大家参考"的会议，以此将一线员工与公司的管理层领导联系起来。这些会议通常持续一个小时，每月举行一次，公司执行委员会的不同成员与来自公司上下不同部门的约 60 名员工共同参加会议。每次会议最开始的 5 分钟是情况通报会，公司领导介绍公司的最新动态、自己的想法

和遇到的问题，接下来就是开诚布公的问答环节。

----

计算机网络服务器、工作站和存储系统制造商太阳微系统公司位于加利福尼亚州圣克拉拉市，该公司董事长斯科特·麦克尼利在公司的内网上开辟了一个特殊论坛，用于征求员工的意见和反馈信息，他会在论坛上与员工讨论公司的发展目标和方向。总裁兼首席执行官乔纳森·施瓦茨利用他的私人博客让员工了解公司的技术发展方向。业务部门负责人和执行副总裁的任务是：无论他们在地球的哪一个角落，每年都要与员工进行6次市政厅式的会议。通过这些接触，公司管理团队能够帮助员工及其家人保持对工作和生活的热情。

----

为了帮助员工与公司的高管建立更紧密的联系，通用汽车公司副董事长鲍勃·卢茨开通了"快车道博客"，在上面发表自己关于公司、产品和员工的想法。通用汽车的沟通研究主管凯西·柯林斯表示："对位于世界另一端的车间工人来说，这是一种让他们在更私人的层面上与高管建立联系的方式。"

----

约翰·费泽曼是位于宾夕法尼亚州西切斯特市的第一切斯特县公司及其全资子公司切斯特县第一国民银行的董事长兼首席执行官，他每月都在当地的一家乡间俱乐部赞助一个"董事长的生

日早餐"活动。这是他与员工交流的非正式场合，他们在这里谈论工作以及每个人的工作表现。这带来的积极结果是：公司年收入增加到6 800多万美元。

在肯塔基州海兰海茨市的北肯塔基大学，校长詹姆斯·维托巴强调，新员工进校后不久他会亲自见每一位员工。维托巴透露，他告诉新员工，他和其他工作人员都"致力于实现我们大学和社区的梦想"。他接着说："我随即补充道，我知道他们也有梦想，我希望北肯大也会帮助他们实现梦想。"毫无疑问，詹姆斯·维托巴积极主动的做法帮助学校赢得了最近的"大辛辛那提最佳职场奖"。该大学的一名员工表示："北肯大确实是一所卓越的大学——领导敬业肯干，办学有方，学校成绩斐然。"

> 如果我要向新任首席执行官提建议，我只想说，最好的团队是无可替代的，不计代价也要组建这样一个团队。
> ——凯文·沙雷尔，
> 美国安进公司首席执行官

通用汽车公司是全球销量最高的汽车制造商之一，总部位于密歇根州底特律市。通过"迅速行动"项目，该公司的领导团队可以参与"热爱工作"文化的创建。该项目以通用电气公司的锻炼模型为基础，鼓励公司员工不分级别高低一起参与小组讨论，共同解决问题，减少繁文缛节，不搞铺张浪费，简化决策过程。公司的每一位高管每年都必须至少主持两次"迅速行动"项目的会议。如果有问题亟待解决，公司中的任何人，无论是高管还是一线员工，都可以召开此类会议。会议通常持续两天，与会员工10~12名。公司沟通研究主管凯西·柯林斯表示，会议提供了可能的问题解决方案，有助于提高公司业绩。会议还向员工表明，公司领导重视每个人，并希望每个人都能积极合作，提出创新的发展理念。

安永会计师事务所的全球董事长兼首席执行官詹姆斯·特利每年向员工发送语音邮件，鼓励员工多休假。邮件中特利会告诉员工自己在夏季的全家度假计划，并强调度假的重要性。

贝丽尔公司的总部位于达拉斯。公司的首席执行官保罗·斯皮格尔曼会为员工手写生日贺卡、慰问卡、祝贺卡，有时每月多达300张！尽管贝丽尔公司所在行业（医疗保健行业呼叫中心）的员工流失率处于历史高位，但该公司的员工流失率仅为行业平均水平的1/4，并且在利润和增长方面处于领先地位。

Quicken Loans公司的首席执行官会向所有员工发放有手写签名的生日贺卡，员工在子女生日时也会收到生日贺卡和礼券，即使员工人数越来越多,他也依然坚持这一做法。

保险巨头信诺集团位于康涅狄格州哈特福德市。在员工工作期间,公司的高管会推着咖啡车,在办公室之间穿梭,为一线员工提供茶点服务。他们发现,员工通常会在这种情况下提出工作上的问题,他们就可以给出解决问题的建议。

> 我导演了这一出戏。我想我是一个策略大师。但是,如何让员工对我的策略心领神会呢?我不能在手册中写出来,我必须展示出来,通过这一出戏来激励员工。
>
> ——扬·卡尔森,
> 北欧航空公司首席执行官

当赫布·凯莱赫还是美国西南航空公司的首席执行官时,他将乘客的感谢信复印件和个人备忘录一起发给相关员工。

南希·迪柯尼在担任霍尼韦尔公司的特殊材料部部长时设立了"南希咖啡时间",即在员工的办公室与他们举行非正式会议。迪柯尼会利用这个时间简要介绍部门目前的业绩,并鼓励员工提问。为了更了解员工,她会邀请职位低的员工参加"越级"午餐会,大家共进午

餐。她总共邀请了 224 名员工,但没有邀请他们的经理。迪柯尼说:

这些活动的反响都很不错,如果没有这些活动,我就没有机会和公司员工进行交流。不过如果还需要什么后续活动的话,那么我还会进一步跟进。

微软公司每周都会举行高管会议,会议开始时有一个被首席执行官纳德拉称为"神奇研究员"的环节,这个环节会重点宣传工作团队的成功故事。例如,微软土耳其公司的工程师最近推出了一款新的应用程序,可以为视障人士朗读书籍。在这些有时长达 7 个小时的会议中,纳德拉经常征求员工的意见,并给出令人鼓舞的反馈。这些会议清楚地展示了纳德拉团队对公司文化的态度。

美泰公司前首席执行官罗伯特·埃克特和十几名员工共用午餐,用餐的同时召开非正式的圆桌会议,大家相互交流意见。人力资源部从各部门各级别的员工中选出代表,并鼓励所有员工将自己的想法通过电子邮件发送给埃克特。

大众点评是中国最大的餐饮评论网站,其人力资源副总裁凌震文介绍了一个留住技术人才的项目:"张涛(首席执行官)和我花了很多时间与员工待在一起。如果你加入大众点评,那么三个月内就会与我们会面。另外，我们也知道有所谓三年之痒的说法。"他指出，员工在录用三年后离开公司的情况很常见。凌震文和张涛还会在午餐会上与员工交流，员工可以就任何问题发表看法。凌震文发现员工问的通常是与公司战略、运转状况、薪酬和个人发展相关的问题，因为这些因素直接关系到员工是否热爱工作及其去留问题。领导可以借助这些会面的机会提醒员工他们和大众点评的使命及战略息息相关，以及为什么工作关系对公司很重要。

> 一旦员工信任管理层，知道他们是负责任的，并且接受过专业培训，那么员工将为顾客，最终为股东们带来令人惊讶的结果。
>
> ——詹姆斯·亨德森，康明斯发动机公司首席执行官

迈克尔·阿布拉肖夫是美国海军本福尔德号驱逐舰的舰长，该舰是海军官兵再应征意愿最低的几艘战舰之一，他受命提高军队士气。阿布拉肖夫舰长想从消除舰队官兵的特权观念着手。上任第一天，他排在一条长队里取自助午餐，他的一名手下径直走到他面前说，作为舰长，他可以排更短的军官队列（所有人都看得很清楚）。阿布拉肖夫说："谢谢你，不用了，我还是和大家一起排这条队。"尴尬的几分钟过后，排在"军官队列"里的人开始离开他们的特权位置，加入自助午餐长队。"军官队列"这个有力的隐喻帮助阿布拉肖夫打破了阶层壁垒。

有一次，安社国际环保顾问公司的首席执行官鲍勃·韦伯与

一位级别较低的团队成员一起出差。他被告知有资格入住套房，但他谢绝了，表示自己不需要，却要求酒店服务员将套房让给和他一起出差的那位员工。这个故事在马萨诸塞州切姆斯福德市的办公室中广为流传。

美容和护肤品公司 Glossier 的总部位于纽约市。它的创始人艾米莉·韦斯曾遇到一位正在求职的应届大学毕业生。"进来面试吧。"她说。后来她招入这位女士做了她的助理。一年后，这位女士想从事产品开发工作。"她才22岁，从未从事过产品开发工作，"韦斯说，"然而，我还是同意她去了，她帮助公司开发了4种最畅销的产品。要让公司做到兼容并包，这是必然之举。如果用心倾听，你会发现每个人都有闪光点。"

> 领导者需要与员工保持联系，并与他们进行日常交流。
> ——唐纳德·彼得森，福特汽车公司前总裁兼首席执行官

当位于马萨诸塞州洛厄尔市的莫尔登纺织厂被烧毁时，对工厂老板而言明智的决定就是：拿走3亿美元的保险赔偿，然后退休。老板亚伦·费厄斯坦那时已经70多岁了，该地区的其他纺织品厂商也在陆续撤离新英格兰地区。但费厄斯坦承诺要重建工厂，而且重建期间所有员工工资照发。几年之后，当公司业绩不佳时，员工向他们的老板报恩了：他们同意避免

加班，并自愿减薪。

韦格曼斯食品超市的首席执行官丹尼·韦格曼租用喷气式飞机，将所有新入职的全职员工带到纽约州的罗切斯特市，给公司总部的员工介绍新员工并欢迎他们加入。

赛仕软件公司的一名员工与高管进行了非常积极的互动。他参加公司年会时，经理找他谈话。该员工说，起初他很害怕，因为他没有完成目标任务。经理安慰他说公司很重视他的工作，并向他保证，公司重视员工的职业发展，会加大员工培训的投资力度。

财捷集团的首席执行官布拉德·史密斯认为，公司所有事务应做到公开透明。董事会对他的年度评价他未经修改就贴在了办公室外面的墙上。他还把自己的性格偏好、其他高管的反馈以及他的时间安排等信息也公布了出来。因为公司拥有 8 200 名员工，且大多数员工都没有机会接近他的办公室，所以史密斯每年都会把信息全部发送给每位员工。报税季节他和一线员工一起接听客户电话。

美高梅大酒店前任总裁贾迈

> 在大多数工作环境中，人们内在的能量是被压制着的，我的任务就是释放它们。
>
> ——谢家华，
> 美捷步首席执行官

勒·阿齐兹初上任时,他和一些员工进行了开放式的面对面小组会谈。阿齐兹回忆说:"我会和来自不同部门的人一起坐下来吃早餐,聊一聊他们心里的想法。"

在北岸-长岛犹太医疗保健系统公司,每周一上午7点30分,新员工会一起参加培训,首席执行官迈克尔·道林会和他们交谈90分钟。道林和他的执行团队成员也会给员工授课,他本人负责管理指导。

金宝汤公司的前首席执行官道格·康纳特会将自己的个人笔记固定在员工的公告板上,这件事公司上下都知道。他解释说:"给员工发电子邮件会显得我莫名其妙,而且好像邮件是自动发送的,缺少诚意。而记笔记时我会试着每次只具体讲一件事。"每天下班时他都会给员工和合作伙伴写20条笔记。他估计自己在金宝汤公司任职期间记过3万条笔记。

康纳特说自己永远是"智慧之子"。他经常阅读领导力方面的文章,想深入了解怎样才能"每天进步一点点"。他的办公室书架上摆着数百本有关管理和领导力的书,可见他是一位非常重视学习的首席执行官。

思科系统公司总裁兼首席执行官约翰·钱伯斯每个季度都会通过视频博客向所有员工传达他的想法。与博客交流双管齐下，公司开发了"我是思科人"软件，所有思科员工都使用这个软件。员工们会在这个软件上分享大家都感兴趣的故事、度假照片等。约翰经常中途加入某个感兴趣的话题讨论，发表自己的看法。

当波士顿的贝丝以色列女执事医学中心首席执行官保罗·利维决定通过博客与员工沟通时，他的顾问并不支持他这样做。"如果你背离了自己在博客上面的承诺怎么办？"他们问道，"让竞争对手看到你的信息，这么做是否明智？"利维回答："任何不利用网络的公司都会错失良机。"他成功地在一个深受员工青睐的论坛上与各级别员工进行了交谈。

伦茨娱乐集团总经理杰力·伦茨回忆起和他在K–Tel国际公司一起工作时的团队，这个优秀团队展现了不可思议的团队活力。该公司在全球28个国家都有分部。在20世纪七八十年代，他们的年收入达2亿美元，主要是向西尔斯百货、塔吉特、乐之邦、沃尔沃斯等零售商销售音乐产品（黑胶唱片、八轨道磁带、普通磁带、光盘等）。伦茨说：

公司创始人菲利普·凯威和他的高管们认识每一位员工,他们与所有人都建立了一对一的联系。菲利普从我们的温尼伯办事处出发,前往所有公司分部,特意与每一位美国新员工进行一对一的会面。员工觉得自己受到了重视,因为高管们会倾听他们的想法,征求他们的意见。高管们不会雇佣豪华轿车,而是由公司的厢式货车去机场接机,路上司机会公开、自由地向高管们提建议,不用担心受到任何不利的评判。好的想法和变革可以来自组织内任何部门的任何人员,在K-Tel国际公司就是这样的。就像沃尔玛创始人山姆·沃尔顿一样,坐上公司司机开的大卡车,向司机征求意见——这是典型的街头智慧。我们在各个部门都亲如一家,没有什么隔阂。仓库工人和管理人员每天都是心往一处想,劲儿往一处使。

> 公司如何对待员工很大程度上体现了其管理水平的高低,良好的管理通常能使一个公司长久立于不败之地。无论是优越的福利、有利于员工家庭的政策,还是安全记录、工会关系,良好的员工关系通常都表明,有远见的高管会创造性地思考如何经营一家企业。
>
> ——史蒂文·莱登贝利,
> KLD数据库研究总监

# 案例研究：
# 两个伟大的管理案例

艾米·艾斯利是威斯康星州麦迪逊市豪斯曼－约翰逊保险公司的人力资源顾问，他表示：

我们公司的高管和员工的关系可谓十分和谐。有两个例子可以证明，一个例子是员工可以与公司高管共进午餐，另一个例子和社区服务有关。

**与高管共进午餐**

高管每年都会单独带所有员工分别出去共进午餐。因此，每年每位员工都有一次机会和高管两人面对面共进午餐，谈论公司什么方面进展顺利、他们想看到什么变化，并分享他们的职业抱负。高管们从这些交流中得到了很棒的反馈和想法。

我们的管理团队有6个人。每位高管都会带9~10名员工去吃午餐，一次去一个，这样，每位高管有9~10次午餐约会，每位员工每年都能和一位高管共进午餐。通常共进午餐这件事要持续一整个夏天。每年我们都会改变分配模式，希望每位员工每年都能与不同高管共进午餐。我们为每个人准备了5个问题，所有高管问的问题都一样，因此员工可以做好准备。我们会问有哪些工作进展顺利，而哪些需要改进。过去这一年，我们询问了员工对公司的认同感和沟通方面的问题。我们会思考，公司还有哪些地方需要改进。

高管们可以与人力资源部门或某个主管深入探究任何一次午餐交流时听到的内容。每年夏天，高管团队都会见几面，分享各自的笔记内容，以便发现某些倾向（如果很多员工都在谈论某个特定的问题）。高管们彼此负责，因为他们是作为一个整体分享员工的反馈意见的。

**社区服务**

我们每年都组建团队，举办"联合关爱日"活动。我们故意打乱团队成员，让不同部门和不同级别的员工合作。因此高管或者老板和新手菜鸟一起挖土、锄地的场景并不罕见。我们的活动丰富多彩，比如我们建造了游乐场和狗狗乐园，为人道协会修理庭院，清理了一条远足步道，为一位老人整理花园，帮助一所学校建造花园，打扫救济院和当地的家庭虐待避难所，为当地的就业组织准备服装和日用品，这些只是其中的一小部分活动。团队通常由4~8人组成，多数团队都有一位领队或主管。活动通常需要大约3~4个小时才能完成，一般会有几个日期可供选择，所以不会让所有员工同时参加。员工们参加这些活动，工资照常支付。一般每次活动我们派大概一半的员工去。社区服务对我们非常重要，我们有一名志愿者协调员（公司的一名营销人员），全年为公司员工寻找做志愿者的机会。这些活动办下来，公司里再也没有高管和员工对立的局面。无论是在公司还是在社区，员工都能把活儿干好。这里有一种家庭和团队的感觉，无关职称和级别。这就是员工们的日常。

# 7

# 开放和有效的沟通

大多数公司都有开放包容的政策，任何员工都可以直接与他们的经理讨论问题。从理论上讲，这套政策很有效，但实践起来又是另一回事。办公室的门虽然是敞开的，但管理者的思想却往往是封闭的。

面对充满活力、追求快节奏的员工队伍，开明的公司认识到，员工需要的是一个能够鼓励雇主和员工持续对话的环境。我在研究员工激励因素的过程中发现，95%的员工希望与经理进行直接、开放和诚实的沟通,这也是其中最重要的一个变量。此外,92%的员工希望公司能征求他们的意见或想法,89%的员工希望参与工作中的决策,特别是与其工作职责直接相关的决策。

人们想知道完成分配给他们的工作所必需的信息、他们的同事在做什么,以及公司是如何运作的。要让你的员工保持工作热情,重要的是向他们传达公司的使命和宗旨、产品和服务、市场策略,甚至是竞争情报。关于公司政策的基本信息对员工来说很重要,但只有68%的员工认为他们的公司传达的信息是清楚的。

反馈会议、部门会议或公司全体会议应该服务于两个目的:提供信息和收集反馈。在讨论组织变革等重大问题时,应始终主张对话和提问,而不是独白式的演讲。如果要在组织之外公开任何重要的消息(例如新闻公告),请确保员工有知情权,同时征求他们的反馈意见。你的员工应有自由表达他们的问题和顾虑的权利,而且应该得到诚实、详尽的回应。

沟通对于员工的价值认同感至关重要,既要向他们通报组织的近况,也要从他们那里获得改进建议。这样做可以让员工知道他们有能力影响决策并被倾听,从而使他们有切实的参与感。

本章将针对如何与员工保持沟通介绍大量相关案例和策略。

SquareSpace是一家总部位于纽约市的网站开发平台公司,该公司以其员工和高管之间畅通无阻的公开交流而自豪。该公司首席执行官安东尼·卡萨里纳说:"为了传达我们的目标,什么是'好'

的，什么是'坏'的，以及价值观的内涵，你必须做很多工作。"该公司致力于确保所有员工都有发言权，并在企业发展过程中保持企业文化的质量。他们认为，管理层级最小化是可以做到这一点的。卡萨里纳说："让公司 500 名员工的所思所想保持一致是个挑战，但这也是公司文化如此重视沟通的原因所在。"

位于加利福尼亚州圣克拉拉市的英特尔公司，员工使用公司计算机服务器上的 wiki（一种多人协作的写作工具）进行项目协作，并用其做会议记录。目前 wiki 的编辑次数超过 10 万次，员工浏览量已超过 2 700 万次。

乔·法瑞尔是伊利诺伊州麦克森集团卡罗尔斯特里姆配送中心的经理，他每周召开两次专题会议，让工厂的仓库、办公室和管理团队的成员碰面。他们讨论问题并致力于提高整个组织的沟通效率。

位于亚特兰大都会区的赫伯特建筑公司过去每周召开一次会议，只有工头和班长才能参加，他们管理着 3~7 名工人。公司总裁道格·赫伯特说：

我们意识到，在这些会议上讨论的公司信息和安全信息没有传达给我们的工人，然后我们改变了做法。现在我们每周要开一个简短的会议，公司的每个工头和工人都要参加。正是因为员工可以直接了解公司的动态，可以提出问题或发表意见，他们的士气提高了，对公司事务也有了更多的参与感。

> 反馈是胜利者的早餐。
> ——里克·泰特，
> 顾问

位于堪萨斯州奥拉西市的约翰逊县政府鼓励公职人员彼此分享目标、首要任务和学习经验，并培养共同兴趣。人力资源高级合伙人泰瑞·诺斯克拉夫特写道："这些信息，例如业绩柱状图，在从公共区域到会议室的整个县城建筑物中到处都是。"该政府向公职人员和民众分享了居民满意度调查结果，他们还分享了关于如何使用税款的预算和财务信息、其他调查结果以及年度报告。

英国五金制品公司 Screwfix 的员工可以每两周就任何话题或问题向经理反馈。新客户卡制度得以成功实施就是员工反馈的成果。

Customlnk 是一家位于弗吉尼亚州费尔法克斯市的网上零售商,其员工使用一种名为"电路"的内部实时通信系统来改善沟通,出现任何问题他们都可以及时反馈。

本着透明和诚信的原则,网飞公司鼓励员工去其他公司面试,并和他们的经理谈谈他们在这次经历中学到了什么。前首席人才官帕蒂·麦考德发现,这种做法可以帮助员工了解自身价值、明确职业目标、拓展人脉,并帮助员工为公司招到合适的人才。

总部位于纽约市的投资百科是一家在线金融信息和教育资源网站。他们每月举办一次读书俱乐部活动,旨在介绍最佳实践,并在不同职能部门间建立联系。他们连续两年被商业智能集团评为最值得入职的出版行业雇主。

每天早上,在员工激励公司 Achievers,公司所有员工都要参加一个 9 分钟的"切题会"。员工们会讨论部门项目的进展,并向同事们做出个人承诺,保证当天他们将集中精力做什么。会后,员工们摩拳擦掌、干劲十足,员工之间的电子邮件往来数量也减少了一半。

在工作的第一天，希腊佩夫基负责游泳池设计、建造和维护的 Piscines Ideales 公司员工就获得了该公司首席执行官和经理的手机号码。

> 我坚信这样一种理念，即员工知道得越多，他们对公司就越有价值。
> ——盖尔·赫林，Atmosphere Processing 服务公司首席执行官

比利时鞋类零售公司 Schoenen Torfs 为了保持一种小公司文化，每个门店都配有一名教练以促进员工和经理之间的沟通交流。当公司考虑是否销售童鞋时，这些教练会征求员工的意见。

总部位于纽约州帕切斯市的百事公司深知回应调查数据的价值。一项全球调查的结果显示，员工满意度得分最高的是员工可以共享并跟进调查数据的企业，其员工满意度达78%。员工未能跟进数据成果的企业满意度得分最低，只有51%。对于部门而言，跟进调查结果与底线绩效之间存在联系。大多数员工反映：有跟进行动的公司，员工流失率较低，安全问题较少，并且由于事故造成的损失天数较少。

美国国家地理学会人力资源高级副总裁托尼·萨布洛称，该组织利用广泛的沟通实践来改善其文化。该组织的内部网络 NG

Connect 已经进行了升级，较之前更加个性化。为了提高网站的用户友好度，内部沟通主任与员工领导的顾问委员会进行了合作。这个网站有许多认可员工在组织内外所取得成就的视频。该组织的首席执行官会及时更新自己的博客，并每周召开一次有 30 名员工参加的非正式咖啡会议。

Circle 是一家通过英国多个中心提供医疗保健服务的社会企业。它成立了一个沟通工作组，以便在变革计划期间找到更有效的与员工沟通的方式。当工作组发现许多员工没有经理发来的电子邮件的访问权限时，就设置了一个公告板。这套系统支持员工向上进行沟通，员工有很大的自主权引导变革走向成功。员工们表示，他们觉得自己受到了重视，并认为自己的贡献很重要。

霍尼韦尔公司的前首席执行官高德威，每季度都会举行一次市政厅式的网络会议，回顾公司的业绩和目标，之后对员工进行调查，以了解他们对公司未来的理解和担忧。高德威认为："员工让霍尼韦尔卓尔不凡。"

IBM举行为期三天的线上献计献策会，以发掘推动公司发展的金点子。员工共发表了3.7万条评论，目前，各级员工正根据市场和社会影响对这些评论进行优先级排序。IBM将这个概念变成了一个持续性的项目，即创意空间项目，公司会从所有员工那里收集好主意。

每个季度，印度孟买的泰姬酒店都会对中层管理人员进行评估，评估者不仅有他们的老板和同级管理人员，还有直接下属。员工可以获得反馈和建议，以克服不足，提高技能。

> **杰克·韦尔奇的六大原则**
> ① 面对现实，不要沉溺于过去和自己的幻想。
> ② 与每个人坦诚相待。
> ③ 不要管理，而要领导。
> ④ 未雨绸缪。
> ⑤ 若没有竞争优势，就不要竞争。
> ⑥ 掌握自己的命运，否则你将被别人掌握。

软件公司MediaAlpha的联合创始人兼首席执行官史蒂夫·易说：

我们的视频会议时间通常会延长一些，因为我们把本来在办公室进行的非正式讨论搬到了视频会议上。我们把会议时间延长了30%~40%，这样有助于形成更紧密的人际关系。

人力资源公司 The Steely Group 的创始人兼首席执行官朱莉·赫内汉有很多提高员工工作热情的法宝：为新员工指派工作伙伴和/或导师；要求工作伙伴/导师经常考核新员工；将公司改造成家庭办公室；给员工提供印有公司标志的服装和办公用品。

> 如果能以合作共赢的方式经营公司，你就可以获得更好的结果，因为你的发展道路更宽，相互制衡也更容易实现。
>
> ——拉里·佩奇，谷歌首席执行官

3M 公司人力资源高级副总裁安琪拉·拉洛表示：

团队负责人通过经常召开员工会议及系统的书面沟通分享优先事项，并让尽可能多的人参与做计划的过程。沟通方式包括首席执行官致全体员工的私人邮件、员工内部网站、领导力课程和员工培训。

德勤非常成功地利用了新的技术渠道进行交流，该公司已从公司制作的视频转向用户生成的内容。德勤拥有自己的 YouTube 频道，频道上传了员工制作的时长两分钟的视频，这让管理层能有机会了解员工对职场的想法、一线员工的洞察力和工作经历。

在拉斯韦加斯的永利安可度假酒店，1 300名主管接受了再培训，学习如何引出故事。据史蒂夫·韦恩说，他在每天上班前的简短会议上会询问主管：

谁能说出与昨天的一位客人有关的事情？主管会致电讲故事热线。然后，我们会将故事传到公司内网并将其打印出来贴在墙上。让讲故事的人成为主角是我们每周要重复做好几百次的事。

> 如何更好地与个人沟通：
> ① 询问员工的意见和想法。
> ② 与每位员工定期进行一对一的会谈。
> ③ 问他们怎样才能成为一个更好的经理。
> ④ 为员工提供个人支持和保证，特别是对你而言最有价值的员工。
> ⑤ 员工做得好的方面要给予具体的反馈。
> ⑥ 员工要能接触到管理层。

⑦ 针对每位员工展开讨论并制订发展计划。
⑧ 邀请员工就他们所关心的问题给高管写匿名信。

信佳集团是一家总部位于英国的服务公司，其深知客户满意度与员工敬业度之间具有密切关系。之前，公司高管在进行内部重组时，通过面对面交流、发行内部杂志和制作海报等宣传活动明确传达了变革的理由。在见面交流会上，高管会要求员工提出意见，同时还要开展员工敬业度调查，确定需要改进的地方。整顿成果丰硕：员工对自己的角色定位更加清晰，对愿景和使命的承诺也更加坚定。员工敬业度提升的同时客户满意度也提高了12%。在随后的三年里，公司业务大量增长。

Pinnacle PSG公司在英国埃塞克斯郡经营社会住房综合设施业务。该公司经历了重组，在此过程中，公司定期召开团队会议，并在管理层和员工之间进行双向交流。他们发现，员工更愿意改变旧的做事方式，尝试新方法。以前，员工们每个月都组成一个大团队去清理街道。后来这个大团队被分解成一些小组，每个小组都有明确的清理范围。结果是：清洁频率从每月一次增加到每

12天一次，清洁质量得到改善，员工整体敬业度也提高了。

英国领先的建筑、开发和服务公司基尔集团，其要求1 200名新近转岗的员工用图标来描绘他们理想中的组织文化。他们使用的图标包括"我能行的态度""鼓舞人心的领导力""我们和他们"以及"沟通不畅"等，员工对有关业务绩效和预期变化的季度调查做出了回应，并成立了改进小组，对反映的情况进行跟踪调查。结果是：员工工作热情得分提高了近90%。

> 根据调查公司Melcrum Publishing的说法，团队负责人提高员工工作热情排名前五项的策略是：
> ① 负责人清晰地传达对未来的愿景（70%）。
> ② 建立员工对组织的信任（46%）。
> ③ 让员工参与决策（40%）。
> ④ 表现出对价值观的承诺（39%）。
> ⑤ 回应来自员工的反馈（33%）。

美国总务管理局第二区公共建筑服务客户服务总监黛安·马里纳奇表示，得益于"圆桌会议"，她所在的团队在盖洛普公司的Q12测评中取得了惊人的高分，从47%上升到75%。马里纳奇所管部门的员工每天上班时都会先在一个圆桌边开会，讨论案例，分享最佳实践，并相互提供支持，然后员工们回到各自的工作岗位。马里纳奇说："在圆桌会议上完成的工作比在小隔间里完成的工作要多得多。我告诉我的朋友们，老板们都需要这么一张圆桌。"

看到盖洛普公司的调查中员工与管理层的沟通得分很低后，总部位于伦敦的 Pinnacle PSG 公司设立了员工和管理层都参加的定期会议，强调双向交流，以获知员工的想法。

位于特拉华州的 WSFS 银行成功从衰退中恢复，且实力变得更强。他们将其成功归于在日常生活中注重培养员工的敬业精神。首席人力资本官佩吉·艾登思说："六七年前，银行里的每个人都开始佩戴胸牌。如果人们知道你的名字，他们会更愿意与你交谈。胸牌是开启对话的钥匙，有了对话，问题就会得到解决，分歧就会消除，机会也就随之而来。"

> 员工是一种有价值的信息资源。如果你知道如何利用这种资源，那么你就不会出错。一个很好的方法是召开献计献策会，号召员工展开头脑风暴。
> ——伊莱恩·伊斯特博格·波比安，管理培训研讨会会长

LiveOps 为大公司提供虚拟呼叫中心。为了激励电话呼叫员，公司使用游戏机制来帮助他们完成工作。代理人完成培训、分享

知识、指导他人或与他人建立网络等任务就会获得积分奖励。该公司的电话呼叫员售出的平均通话时间和客户满意度比同行高出23%。

软件公司Buffer位于加利福尼亚州的旧金山市，但其员工遍布全球。为了促进员工间一对一的互动，并让员工每天都有面对面交流的时间，公司每天都会发起"呼叫匹配"。匹配完全随机，所有员工都要参加。他们分享手头的工作，讨论遇到的挑战，并提出改进建议。

> 更好地与团队沟通：
> ①每天早上，团队成员都聚在一起。每个成员汇报自己正在做什么，以及是否需要帮助。
> ②坦诚地解释未来面临的形势和挑战。
> ③举办表扬大会，团队中的每个成员都能从其他成员那里得到口头或书面的积极反馈。
> ④参加有高层管理人员参与的市政厅式会议。
> ⑤主持以首席执行官为主导的早餐或午餐研讨会。
> ⑥在公司内网上设置一个24小时更新的新闻频道。
> ⑦在会议前收集问题，或者允许员工匿名将问题写在索引卡上。

⑧ 记录会议并将议程发给未能出席的人。

⑨ 定期提供工会的最新情况。

⑩ 为首席执行官建一个博客,以便及时对重要问题进行反馈。

---

拉斯韦加斯的美高梅大酒店在换班前都会举行 10 分钟的班前会议,由集团经理审阅来自内部通信办公室的每日邮件信息,总结当天酒店内外发生的事情。美高梅大酒店的员工报告说,掌握了公司内外的情况,他们感到非常投入,也能更好地提供客户服务。

---

REI 创建了一个"公司营火"社交网络,员工和经理可以自由地聚会、辩论,以及就条款展开讨论。公司的 1.1 万名员工中,有近一半的人使用该社交网络在有关公司和工作的问题上赢得了发言权。

---

位于得克萨斯州达拉斯市的贝勒·斯科特和怀特健康中心每天都会举行不同层级的员工碰头会。通过这些不同层级间员工

的互动，关键信息会在几个小时内从一线团队传达给高管。第二天，相应的高管回复和其他重要信息就会下达到中级管理层和一线员工。

另一个医疗机构——哈佛先锋医疗协会也将碰头会纳入日常工作流程。例如，在他们位于马萨诸塞州波士顿市的肯摩尔诊所，医疗团队会召开10分钟的简短碰头会，讨论工作环境中的问题，然后将这些问题、改进的想法和指标发布在公告板上，并进行后续跟踪管理。

在新伦敦医学中心，领导们希望提高病人对病房卫生的满意度，所以他们向病房清洁人员征求意见。一位清洁人员说，他们通常是在病人离开病房接受治疗那一段时间打扫房间，所以病人并不知道房间被打扫过。清洁人员为此专门设计了一张卡片，每次清洁完之后会留下卡片，告知病人清洁的具体时间。

在员工抱怨有太多的会议要开之后，爱彼迎开始对所有会议进行录像，这也成了该公司的一项传统。视频被编辑成可共享的内容，供那些无法参会的人观看。

大丰收面包店的老板鼓励特许经营业主互相学习各自的经验。

特许经营业主及其雇员可以访问其他特许经营店，以寻求新的想法。旅途所需车费能报销一半，从特许经营费中扣除。

英国戴森公司的詹姆斯·戴森建议：

应该禁止使用备忘录。人们的生活极度依赖备忘录和电子邮件，导致彼此之间都不怎么交流。正是我们在工作中互相交流才会有观点的碰撞、灵感的激发，只有这样，才能创造真正的价值，带来真正的创新。不喜欢电子邮件的生活哲学才是健康的哲学。

# 8

# 同事满意度与合作度

一个团队的好坏取决于成员们对彼此的责任感。谁也不想触怒那些与自己朝夕相处的同事。

每一个组织都是由一个个团队组成的,而每一个团队又是由不同员工组成的,大家都在为一个共同的预期目标而努力。因此,同事的品质和团队的配合成了影响员工工作表现的重要因素。这就要求任何一个工作团队都要花时间开展社交活动,增进彼此的了解,比如大家一起吃饭或参加相同的业余活动和娱乐消遣。

> 没有任何事情，即使是最先进的技术，比人们朝着一个共同的目标团结协作、努力拼搏更令人生畏的了。无论是一个国家、一支军队还是一家企业，只要有一个共同的愿景，且有能力及工具实现这一愿景，它们就会变得势不可当。
>
> ——联合技术公司宣传册

同事关系可以通过有组织的团建活动得到巩固。团建时，员工可以与他人一起开展与传统工作职能不同的活动，比如：

把团队游戏作为学习活动的一部分，参加公司的运动队，一起成为"人类家园"国际组织的志愿者。

一个强大的团队就像是一个亲密的大家庭。在这个"家庭"中，每个成员都在他人需要时伸出援手，并且为了集体的成功而努力。这种凝聚力对激发员工的潜能而言非常重要。在这一章中，我们将介绍有关同事满意度和合作层次的众多实际案例。

在谷歌，同一项目团队的成员可以共享一个办公室，以便交流和分享想法。

每个月的最后一个星期五，房地产公司高纬环球驻葡萄牙办事处的某个部门都会为同事们举办一场鸡尾酒会。每个月各部门轮流举办这类酒会。

位于堪萨斯州奥拉西市的约翰逊县政府准备了一块实体公告牌，上面写了一些心灵鸡汤，给那些需要鼓励的人看，他们称之为"各取所需板"。事实证明，这是一种传递励志思想的简便高效的方式。有的人从中汲取营养，自我治愈，有的人还会将其分享给其他同事或客户。这种公告板最初是在员工的建议下设立的，一开始只是被放在一个部门里，而现在则被放在公共区域，员工、客户，甚至居民都可以使用。

华盛顿州贝尔维尤市的就业与购房咨询公司 Full Beaker 会为员工支付午餐费用，员工可以选择在该地区的任何一家餐厅用餐，因为他们觉得，员工在办公室以外的环境中共度时光可以建立更好的关系，还可以进行更高效的合作。这种"同事午餐"有助于员工们在个人层面上更好地了解彼此。因此，当他们在不同项目中合作共事时，工作效率更高。公司也会因为员工们的互相了解而变得更有竞争力。

该公司搜索引擎优化部门的主管沙夫卡特·卡里莫夫表示："公司为午餐买单的唯一条件就是，员工需要带上一名或多名同事一起就餐。即使只有 30 名员工，这对我们来说也是一笔巨额投资。不过我们认为这种投资是值得的，因为员工间的纽带会更加紧密。

> 如果你的员工喜欢彼此、信任彼此、信任管理层，并以公司为荣，那么他们一定会交出一个好的产品。
>
> ——杰夫·斯米瑟克，大陆航空公司首席执行官

我们已经做了很多年了。"不过公司也会对此进行监管，一旦午餐补贴过高，经理就会在与员工一对一面谈的时候提出来，然后这种现象就不会再发生。个人或团队取得成功时，公司老板也会带他们去吃午餐。

市场营销和品牌推广公司 Parker LePla 鼓励员工和同事一起定期参加午后实地考察活动。在这些实地考察活动中，参与者可以在联合湖上划皮艇、打草地保龄球或玩旋转球。

谢尔·费尔班克斯现在是密歇根大学医学中心的奖励与认可协调员。她曾在一家诊所工作，该诊所当时推出了一项活动，叫作"穿上我的鞋子走一天"。为了促进同事间更友好的互动，也为了对其他人的工作有一点儿了解，每个员工都得和另一个员工配对，基本上一整天都如影随形地跟着那个人。所有员工——医生、护士、办公室职员、营养师、社工、医务助理、实验室人员都要参加，无一例外。从定期的办公室走访到完成全部医疗程序，员工们都要跟随尝试。这样做的目的是让每个人都能真正地了解他人的工作，并更好地理解同事在工作中可能会遇到的问题。这项活动促

进了员工之间的积极互动，同时也给了他们一个机会去体验另一份他们可能感兴趣和喜欢的工作。费尔班克斯说："事实证明，这是我们办公室开展得最为成功的活动。从那时起，每个人都期待这个一年一度的活动。"

---

新墨西哥州阿尔伯克基市的西南人力资本公司创始人兼首席执行官米歇尔·摩尔表示：

"一颗金星、公司内网上的一句夸赞，或是一张小礼品卡，都对建立融洽的同事关系大有裨益。我收到的反馈是：得到同事的认可和得到上司的认可一样鼓舞人心，甚至比得到上司的认可更鼓舞人心。我喜欢用实物表达谢意，因为员工们喜欢在自己的小隔间或办公室门上展示这些东西。"

---

中西部地区零售服务公司是一家总部位于俄亥俄州哥伦布市附近的 B2B 公司，主要向杂货店、宠物用品店、派对用品店和药店等各类零售商店出售货架和其他陈列设施。该公司在三四个州聘用了大约 15 名员工，并在其他几个州派驻了外部销售代表。该公司坚信内容营销的力量。他们在博客上发表文章，致力于帮助其客户提高商品销售额、改善客户关系、优化客户服务，并向他们普及自己公司提供的货架系统和销售系统。

其中一篇正在创作的文章标题是"询问团队"。他们会从顾客的角度出发，选择一个问题，例如"我的商店怎样才能在节假日扩大糖果的销售量？"或者"我怎么知道我店里的货架牌子？"又或者"我应该在新药房里安装哪些固定设备？"他们不是写一篇仅仅由公司署名的一般性文章，而是先向他们的出站销售和入站服务代表团队抛出这个问题，然后，将最好的回答汇编成一篇由团队共同撰写的文章，其中包括多个不同答案和观点，同时突出团队成员的姓名及其在公司中的角色。这使公司能够展示员工的集体知识，提高其销售人员的行业权威，并使员工得到公开认可。

该公司计划将收集的"询问团队"系列精选文章结集出版，将其命名为《建议文集》。在该文集中，每位团队成员的最佳反馈都会被引用。这本书将作为一本推广营销工具书分发给客户和潜在客户，它比千篇一律的小册子或名片更有吸引力。

为了激励员工相互联系，增进同事间的友谊，纽约市的产品开发机构 Dom & Tom 开展了一项名为"干得好，有奖励"的同事倡议活动。每个月，两名员工提名另外两名员工角逐该奖项，结果将在该公司每月的市政厅式大会上宣布。获胜者将获得一个月的奖杯享有权，此外，公司还会以获胜者的名义向他选择的慈善机构捐赠 100 美元。

梦工厂动画公司的员工会在项目完工庆典上向其他同事展示自己的项目成果。这不仅能鼓励员工欣赏工作之外的想法，还展示了员工自身的创造力。

美国 Motley Fool 投资公司的员工们互相奖励积分，这些积分可以通过 YouEarnedIt 平台兑换成礼品卡和奖品。团队成员艾米·戴克斯特拉解释说："员工因所做工作得到赞赏而受益匪浅，公司也会因每天查看相关的祝福信息而从中获益。当我焦头烂额的时候，看到有人认可我的付出，对我来说就是整个世界，这能激励我继续努力。"

威斯康星州希博伊根县的约翰逊维尔食品公司鼓励员工了解公司的其他部门，让每位员工跟随另一位员工一天，以了解对方的工作。

## 案例研究：
## 团队角色的创新实践

戴维·克拉特巴克合伙公司位于英国英格兰梅登黑德镇。该公司的戴维·克拉特巴克教授与大家分享了他的员工沟通公司 The Item Group 是如何开创一系列提高员工工作热情的创新方式的。其中包括：

→ 团队会议和公司会议由公司里的每个人来主持（公司共有 45 人），而不是由最有资历的人来主持。每个人轮流主持会议，员工们对议程有更大的控制权，这有助于增强他们的自信心。

→ 人们自主选择自己的职位。每个人都和同事讨论工作的核心是什么，在做出决定之前收集各方意见。如果所有团队成员的角色相同，则集体做决定。这使他们可以专注于工作中重要的事情。为了反映这一点，我们更换了名片，当然，这也有助于员工与好奇的客户或其他人进行有趣的讨论。

→ 总部关闭一天，所有人都要走出办公室，去和那些平时只在电话里听过声音的人见见面，看看他们是如何看待这个世界的。

→ 每年，员工们都会得到一次周末海外旅行的奖励。管理人员只会安排半天的工作相关培训，其余时间则用来与公司其他部门的同事建立良好的关系。

索迪斯集团是巴黎一家生活质量服务商。他们推出了精神指导项目，鼓励员工通过协同合作、实现目标和解决问题来帮助彼此发展。最后的结果是：项目结束后，员工们继续保持着良好的关系。

---

加利福尼亚州圣迭戈市的 Covario 公司，其主营业务是互动营销分析软件设计。公司的首席执行官拉斯·曼恩在公司内部创办了文化俱乐部，旨在为公司员工创造互相交流的机会。该俱乐部赞助了各种活动，包括一款在线游戏《Covario 刺客》，该游戏"设计为一款友好的办公室'鬼抓人'游戏，让同事与同事对决，直到只剩最后一名幸存者"。曼恩说："客户的问题能够更快解决……因为我们团队成员有了更多沟通。大家上班也更有动力，而且对这份工作和工作环境都很满意。"

---

世博控股公司是一家总部位于得克萨斯州南湖市的旅游公司，旗下拥有一个名为"世博小镇"的在线门户网站。该网站旨在将公司分布在全球 59 个不同国家的 9 000 名员工联系在一起。与社交网站脸书和聚友网类似，"世博小镇"允许员工创建包含个人和工

> 想想什么样的规划环境适合团队合作。将来，个人发挥的空间越来越小，而敬业奉献的团队空间会越来越大。
>
> ——迈克尔·乔洛夫，
> 麻省理工学院建筑系研究主任

作信息的个人档案，发布消息供其他员工阅读，加入资源组，提问和回答，分享他们最喜欢的旅游目的地，等等。这样，该网站便形成了一个全球性的员工社区，不论员工身在何方，大家都互帮互助、相互支持。有一次，公司伦敦办公室的一名员工在"世博小镇"网站上发布了一条消息，询问有关计算游泳圈数的建议。她很快就收到了7条回复，其中一条来自世博首席执行官山姆·吉利兰，他碰巧以前做过竞技游泳运动员。如今，该公司90%的员工都是"世博小镇"网站的活跃用户。

福莱国际传播咨询公司是一家总部位于密苏里州圣路易斯市的国际公关公司。该公司通过举办各式各样的会议或聚会活动，让员工参与公司业务，同事间发展了友谊，也更具有团队精神。定期举行的活动包括每月的"软木塞庆祝会"。这些活动是为了庆祝新业务、员工生日或其他重大事件，每个季度会召开公司内部同事间会议，还有月末的公司汇报大会，会上展示和讨论公司已实现的目标。在该公司的堪萨斯城办事处，一项调查显示，100%的员工认为他们是团队中有效工作的一员，他们为自己的团队感到自豪。

位于俄亥俄州阿莱恩斯的阿莱恩斯铸造公司开展了一系列名

为"人的价值"的研讨会。这些研讨会教育员工在对人尊敬的同时又不失自尊。公司致力于维持一个生产优质产品的安全工作环境。这一系列研讨会改善了员工和管理者之间,以及员工和员工之间的关系,也增强了整个组织的团结协作和团队信任。

在美国最大的透析服务提供商达维塔,从徽标设计到新商业计划,公司的每一个决定都要由员工进行投票。该公司拥有1 400家诊所,每家诊所都有一套由当地管理者和员工(他们之间以"队友"相称)共同制定的指导方针。

在位于华盛顿州伦顿市的波音飞机制造工厂,管理层决定放弃原有的生产系统,代之以基于丰田精益生产模式的全新流线型系统。这种新系统增加了团队成员间的信任,使他们在协同工作时,无须依靠管理层就可以自己发现和解决问题。采用新系统后,工厂能将车间生产的737型飞机数量从29架减少到11架。每架成本在3 500万~7 000万美元,工作量的减少为公司节省了数百万美元。

> 不管一个人有多么聪明,团队总能比个人做出更明智的决定。
> ——艾德·豪塞克,杜瓦信息系统公司副总裁

信息技术制造商思科系统公司在澳大利亚的悉尼、布里斯班、

墨尔本的分公司都设置了"带娃上班日"。在悉尼分公司,超过150名孩子跟着父母来上班,并参加了各种各样的娱乐活动,包括视频会议、面部彩绘,大家还一起在北悉尼椭圆球场共进午餐。人力资源部门经理海伦娜·史密斯表示:"我们工作都非常努力,也想庆祝所取得的成绩,而对大家来说家人是重要的一分子。我们真的希望员工感受到,我们确实在考虑他们生活中的其他重要方面,想让他们既好好工作又好好生活。"

每年,汽车制造商法拉利公司的员工都会分成十个团队,就质量改进项目进行比拼,每四个月为一个阶段,共持续三个阶段。每个阶段都会对各队的成绩进行评估,并选出以下方面的优胜者:杆位(第一阶段后)、最快圈速(第二阶段后)和方格旗比赛(第三阶段后)。在长达一年的"比赛季"结束时,会有一支队伍胜出,获得总冠军称号。一位员工说:"我很自豪能成为公司的一员,公司就像一个大家庭,我们都是优秀团队中的一员,在一起工作很开心。"

位于纽约州维克托的市场营销和广告公司迪克森·施瓦布的招聘人员认为,组建一支不拘一格的多元化员工团队有助于建立强大的工作关系,从而提高员工的工作表现。迪克森·施瓦布团队的新成员(在招聘过程中都由团队成员来面试)包括一名爵士乐电台主持人、一名前大学教授、一名酒保、一名电视摄影记者和一名银行高管。

总部位于得克萨斯州休斯敦的油田服务公司斯伦贝谢找到了一种方法,帮助分布在全球 80 个国家的逾 8.7 万名员工与同事分享知识,从而更有效地进行合作。该公司组织了 23 个在线尤里卡社区,涉及油井工程、地球物理、化学等各个兴趣领域。这些社区,连同下设的 140 个不同的专门兴趣小组,全部由员工自行管理,负责人也由员工选举产生,任期一年。

> 不仅员工必须好学,管理者也必须好学。事实上,能与同事相互切磋的员工是有价值的,因为没有人比从事某项工作的人更了解工作的细节,而且员工往往最能看出工作中的问题。
>
> ——米歇尔·罗伯金博士,
> 贝丝以色列医院院长

位于加利福尼亚州洛杉矶的国防承包商诺斯洛普·格鲁门公司安装了一个专业定位软件,用于分析员工的电子邮件,以了解他们当前的兴趣。邮件分析的结果会添加到每个员工的在线档案中,这样同事们就能快速、轻松地将志同道合的员工组成项目团队。管理者还通过这个升级版在线档案为新项目安排工程师。

"黑客日"是由加利福尼亚州森尼韦尔市的在线门户网站雅虎赞助的活动。员工被分成若干小组,在限定的24小时内发挥想象力,为公司开发创新型软件项目。最近的黑客日活动吸引了102个新项目,其中一些成了雅虎的新产品,另一些则为现有产品添加了新特性。尽管员工有机会通过努力赢得不同类别的奖杯,比如"最佳用户体验奖""最受用户欢迎奖""万众期待奖"等等,但是大多数人还是更喜欢挑战本身,因为这能使同事之间紧密合作并能发展同事情谊,在短时间里创造新的东西。

在位于科罗拉多州戈尔登市的康胜啤酒酿造公司,后勤部门的员工负责安排每月一次的会议议程。该会议专门向经理们介绍员工们感兴趣但又通常不会在员工会议上提出的问题。在召开这些会议之后,这家工厂从业绩最差的工厂一跃成为业绩最好的工厂之一。

特拉华州纽瓦克市的面料生产商戈尔公司,员工如果想升职为经理,就必须先在公司里找到愿意在他手下干活儿的人。

团队会议小提示

① 只邀请有需要或有贡献的人参会。

② 不管人有没有到齐,会议都要准时开始。

③ 每次会议都要有一个议程。

④ 请所有人关闭手机。

⑤ 每场会议都要做好人员安排,比如计时员、记录员和会议监督员,同时安排好候补人员。

⑥ 对各种打断会议的行为要坚决制止。不要让团队成员打断其他成员。不要让电话或其他外界干扰打断会议。

⑦ 保持包容之心,想办法让那些沉默寡言的与会者畅所欲言。

⑧ 准时结束会议,如需延长会议时间,应征得与会者同意。

---

从员工的角度来看,理想的职场就是你信任你的上司,喜欢你的同事,并为自己的工作感到自豪。

——罗伯特·利弗林,

《理想的职场》(*A Great Place To Work*) 作者

总部位于英国莱瑟姆-圣安妮的比弗布鲁克珠宝有限公司最近启动了一个名为"更快说出真相"的项目。这个项目训练员工向同事和经理提供积极的反馈，积极发表对工作本身或职场的一些意见。

Level 3 通信公司是一家跨国电信和互联网服务提供商。尽管其员工散布在全球各地，公司还是决定采用一种新的战略来激发员工潜能。艾米丽·格林是负责欧洲、中东和非洲地区的人才经理，她将 Level 3 自身的技术整合到一起，以电话会议的方式与他人分享各自的文化。她还组织了"学习月"活动，在活动期间，公司里的任何人都有机会分享他们热衷的事物，无论是与工作相关的还是与个人相关的。格林说：

这完全是自愿的，它让人们有机会分享自己的想法，更多地了解公司的其他方面，这样一来，他们可能会开始思考自己的职业道路和理想的职场。他们不仅看到了向上发展的空间，还看到了横向发展的空间。

为了给员工提供独特的联系纽带，餐饮设备世界组织佛罗里达州奥兰多市办公室的员工外出参加各种户外活动，包括保龄球、激光枪战、高空滑索和陶艺课。

纽柯钢铁公司前首席执行官 F. 肯尼斯·艾弗森鼓励员工持股，员工有权按照自己的主张运营工厂。员工既要满足生产方面的要求，还要对出现的任何问题负责。团队成员开会讨论如何解决供应问题、质量问题、假期安排，甚至是纪律处分问题。

## 案例研究：
## 积极解决冲突点

BridgeWorks是一家位于明尼苏达州韦扎塔市的咨询公司。它为六旗这家全球游乐园运营公司建言献策，鼓励六旗员工关注所有年龄段的同事，并与之携手合作。六旗希望解决"冲突点"，即两代人之间的观点冲突问题。他们尤其需要训练处于边缘的一代人来弥合代沟。他们为13个公园的2.9万多名员工定制了"冲突点"培训计划，该计划包括解决学员经历、年龄和组织角色问题的互动材料，以互动介绍的形式讲述每一代人的故事，讲述他们如何踏入职场，他们的突出特征和给人留下的刻板印象，以及他们的价值观。六旗精心准备，使培训内容更适合园区员工，也让大家更容易接受。该计划的初衷是引发大家积极讨论，号召大家关注员工忠诚度、赋权和职业倦怠等问题。公司采取的是培训教员模式，其中包括聘请引导师和人力资源管理专家在每个公园内部制订"冲突点"培训计划。

为了开发新业务，得克萨斯州休斯敦市的明特医师人力资本公司的全体员工每个月都有一天晚上加班到很晚。当晚，大家会准备餐点和蛋糕给当月所有过生日的人庆生，而那些留下来加班的人第二天可以晚一小时上班。

几十年前，美国西南航空公司的机长克里夫·斯劳特创设了一个"最前沿"的项目，即让飞行员到停机坪上体验机场地勤人员的工作，以了解飞机停在登机口时地勤人员需要做些什么。通过这一项目，飞行员和地勤人员都能更好地理解彼此的工作了。

位于明尼苏达州曼凯托市的 Dotson 铸铁公司要求每年至少有 50% 的员工去拜访客户、供应商或另一家铸造厂，收集第一手信息并争取合作。

圣迭戈市的 Cidera Therapeutics 制药公司认为，研究人员必须具有开放的心态，能包容不同观点。为了促进团队合作，公司每年都会组织员工参加钓鱼、水疗或高尔夫球比赛。

Lola 是波士顿的一家初创旅游公司，由 Kayak 联合创始人保罗·英格利希创立。公司为 53 名员工设计了一个带有竞争性质的营养项目。该项目耗资 1 万美元，团体培训费全部由公司承担，员工个人的培训费则由公司和员工平摊。人力运营副总裁斯泰西·斯科特说："除了养成健康的习惯，这个项目最重要的一点是，员工开始了解那些不经常与他们共事的人。"

SHI 国际是一家总部位于新泽西州萨默塞特市的软件公司,其人事总经理菲尔·威廉表示,该公司每年投入约 5 万美元为员工提供全面的健身课程,包括周一的冥想、周二的营地斗剑和周四的瑜伽,公司还配有两套传统健身器材。"每周大约有 100 人参加,但比健身更重要的是友情,"威廉说,"我们相信,职场友谊是留住员工、提高员工生产力的关键因素。"

# 9

## 资源可用性

工欲善其事，必先利其器，请确保员工拥有完成工作的工具！这说起来很容易，但是大多数员工每天都苦于得不到应有的工具和资源。

知道了公司对他们的期望后，员工就需要拥有所有信息、工具和资源，以便尽可能把工作做到最好。这是一个大问题，因为只有一半的员工表示他们拥有适当的工具来完成他们的工作！这听起来有些极端，不过你要是想一想员工在大多数工作中所面临的典型问题就不会觉得奇怪了。例如，申请购买办公设备要等上级审批，上级是否审批又取决于预算是否通过，但是一名重要高管此刻又不在国内，所以预算被搁置。诸如此类的问题还有：员工为了帮助公司提高效率、节省时间、提高客服水平、改进工作流程，向 IT 部门提交更换软件的请求，但却发现，过去 7 个月以来该部门积压了很多其他软件项目尚未处理。这类例子不胜枚举。

位于宾夕法尼亚州匹兹堡市 Gateway Health 的临床质量管理分析师小罗伯特·约翰斯顿阐述了资源的重要性：

在我加入目前的公司之前，我一直不知道我的创造力因缺乏资源而受到了多大程度的限制。例如，在之前那家公司，如果我需要一份报告，我必须向报告指导委员会提出正式请求，指导委员会再开会决定请求是否值得 IT 团队关注。但是该委员会每月只举行一次会议。因此，如果你申请一份最新报告，即使要求非常合理，你要是能在 6 周内收到报告（前提还必须是请求得到了批准），那么你的运气算不错了。

现在，我只要登录一个门户网站就可以直接向 IT 团队提交报告请求。提交申请后，就会得到一个申请号，可以跟踪处理结果。IT 团队中的分析师接着会填写请求、提供相关数据，然后关闭工单。到目前为止，我申请的报告等待时间从未超过 72 小时，还包括申请极为冗长和详细的技术规范。因此，我在极短的时间内完成了提案，从零开始做出了整个项目仪表盘，并且比以往任何时候都更高效地分析了数据。只要有适当的资源，就可以实现令人惊叹的成就。

在我对最能激励员工的因素进行的研究中，"自主和职权"是当今员工最需要的激励因素。所有员工都需要对自己的工作有发言权，这样他们才会觉得工作有意义。如果员工觉得工作有意义，他们就会更加投入、更加高效。重要的是，他们不能因为畏首畏尾而不敢越雷池半步，而是要勇于超越、敢做敢当，不仅在工作中有所作为，而且要争取为公司创造更大的效益。管理者可以通过以下方式鼓励员工增强自主意识：

→ 允许员工在需要时向他人求助。

→ 给员工使用资源的权限。

→ 允许员工采取必要的行动来完成工作。

一旦员工参与进来，并提出了建议或改进措施，就要鼓励他们勇于实践自己的想法、承担责任，并始终支持这些想法。本章将以大量的例子来说明如何克服障碍，以便为员工提供材料、设备和预算，从而使他们更有效地开展工作。

> 你必须行动起来，只有员工有了自主权利，才能把工作干好。但同时你又需要有足够的管控措施，掌握他们的工作进展情况。
> ——弗兰克·V.卡韦，梅隆银行董事长

Crescendo Strategies 总裁兼首席保留官卡拉·西莱托在报告中说：

我们鼓励员工发现好软件或者提出软件购买建议，只要能减轻他们的工作负担，提高他们的工作效率，我们都可以购买。每年，我们都至少会开发一个新系统，以提高效率、简化流程。

---

Norse 是一家位于英格兰诺里奇市的软件管理公司。该公司的经理们都知道，不给员工提供工作资源，他们很快就会灰心丧气，工作效率也会下降。为了防止出现这种情况，该公司在工厂设备、个人设备和保护设施方面投入了大笔资金。

---

位于弗吉尼亚州麦克莱恩的 RIVA Solutions 公司为员工协作提供工具和资源，例如 Basecamp，这是一个在线项目管理平台，旨在以透明的方式共享优先事项，该平台还可以集思广益、分配后续工作和管理信息。

---

《经纪人世界杂志》出版商史蒂芬·霍华德证实了美国国家人寿集团的公司文化："国家人寿内部正在采取一切必要措施，为各

级别人员提供其所需的信息和资源，以便使他们能够做出明智的商业决策，提供优质的服务。"他们邀请保险行业的其他人士，例如经纪人和理算师与不同部门进行沟通，使员工熟悉业务，为客户提供更好的服务。国家人寿还设计了一个简单的损益表，可以帮助所有持股人在做好商业决策的同时更充分地了解影响盈亏的因素。

总部位于旧金山的加密货币交易所 Coinbase 将其自助餐厅变成了员工的"秘密俱乐部"，新员工可以在那里学习虚拟货币的基本知识。

科罗拉多州丹佛市的合规软件公司 Convercent 使用聊天机器人帮助员工快速回答合规方面的问题。首席执行官帕特里克·昆兰说："员工输入代码后，一个聊天机器人就会出现在屏幕一角问，'您有什么问题吗？'员工可以立即报告问题、获取其他资源或提出问题。"

计算机网络巨头思科系统公司的不动产部门发现，其销售代表在办公室的时间仅为 30%，于是决定全力支持这些员工办公所需的机动性、灵活性。通过为销售代表安排共享办公桌，公司既能减少办公空间需求，又能为员工提供更好的支持。此外，这些改革措施在最近5年为公司节省了1 260万美元。

> 我想，如果我能让人们个个精神抖擞地来上班，天哪，那该是多大的一个优势啊！这也是提高生产效率的全部秘诀。看到他们推动并完成了一些他们认为不可能完成的事情，这让我每天都很欣慰。
>
> ——杰克·斯塔克，SRC公司首席执行官

SaaS PowerDMS 的首席系统工程师蒂莫西·韦尔奇通过公司的一个名为 Remote Year 的项目获得了环球旅行的资源支持。他对 SaaS 允许他远程办公这一点很感激。SaaS 还给了员工更多的远程工作选择，从而延长了他们远程办公的时间。例如，他们可以去伦敦度假，在温布尔登增加一周的工作时间，也不用牺牲更多的假期。

# 案例研究：
# 追求卓越的团队方法

为了让他们的招牌餐厅 28 Atlantic 获得《福布斯旅游指南》五星级的评级，马萨诸塞州的韦卡塞特度假村和高尔夫俱乐部制订并实施了一项新的员工培训计划。

在进行准备工作时，前台员工学习了关于菜单、饮料的所有知识以及如何提供优质服务的艺术，后厨员工学会了制作美食的所有流程。然后，韦卡塞特策划了这个研讨会。

**研讨会**

研讨会一开始就仔细研究了《福布斯旅游指南》星级评定的标准。研讨会包括两大部分：

在研讨会的第一部分，前台小组大声描述某一道菜，后厨小组必须给这道菜命名，并告诉前台小组如何最好地向食客解释这道菜。员工们发现这个活动很有启发性。

在研讨会的第二部分，后厨小组做好食物送交前台小组。

在对食物进行检查并取样后，两组人员都填写了一份检查表。厨师们了解了顾客用餐的感受，厨房也做了必要的整改。

**结果**

28 Atlantic 餐厅的客人服务指数得分显著提高,一年后,韦卡塞特度假村实现了它的目标,《福布斯旅游指南》授予 28 Atlantic 五星级的评级。该餐厅的餐饮总收入也增长了 10.29%。

----

博莱克 & 威奇是一家位于堪萨斯州欧弗兰帕克市的工程、采购和建筑公司,在 100 多个国家的 100 多个办事处和工程部有 11 500 名员工,公司需要对他们进行道德和合规培训。这类培训在其他公司往往起不到任何效果。公司的全球道德和合规负责人彼得·洛夫特斯普林的目标是让员工发自内心地具有较高的道德感。洛夫特斯普林说:"我想让他们感到内心的不安。"正如《福布斯》的专栏作者帕特里克·奎因林所解释的那样:"这个想法是把人们置于近乎真实的场景中,展示他们的真切感受和真实反应。这样,一旦在现实生活中发生某种情况,他们就会知道如何做出最好的选择。"

有一组员工参与了洛夫特斯普林的培训计划。他们戴上耳机,通过 YouTube 在线视频网站在手机上观看视频后,就像真正经受了几次道德考验。在计划开始后的两周内,99% 的参与者完成了道德培训。

----

威达信集团是一家在全球拥有 6 万名员工的专业服务公司,但是他们在计划推出新的行为守则规范时遇到了极大的挑战。为

此，公司决定制作一部电影。这不是一部普通的电影，他们聘请了屡获大奖的导演赖恩·芬森－胡德制作了一部 50 分钟的纪录片，讲述了来自不同文化、说不同语言的 5 名公司员工的故事。这部名为《威达信集团面孔》的电影展示了这些员工是如何应对公司内外的挑战的。这部电影受到员工们的欢迎，最终帮助公司实现了跨文化解释新行为准则的目标。

> 我们可以把所有钱都投到华尔街的新技术上，但只有公司重新发现人类忠诚的价值时，我们才会意识到生产率提高所带来的好处。
> ——弗雷德里克·里奇菲尔德，贝恩公司总监

总部位于纽约，从事财富管理和投资银行业务的奥本海默公司推出了 OpcoCentral 网站，这是该公司的社交网络和在线学习课程平台。奥本海默管理委员会主席罗伯特·洛温塔尔表示："我们致力于在各个层面选拔人才，大力支持他们发展。"OpcoCentral 还可用作项目仪表盘，并提供适当的技术，以支持公司重点关注的沟通和技能培养。该网站由两大板块组成：一是在线学习课程平台 OpcoUniversity，它进一步完善了公司面对面学习的研讨会体系。员工可以在世界任何地方随时访问这些在线资源。该课程还有选修课可供选择，员工可以按照自己的进度选课学习。第二个板块叫作 OpcoSocial，这是一个为员工提供实时协作机会的社交媒体平

台。员工们可以组成小组,与公司的其他员工交流、完善各自的想法。该公司首席营销官琼·库里表示:"技术对金融服务机构越来越重要,OpcoCentral 增强了他们的综合能力,使他们的业务更加熟练。"

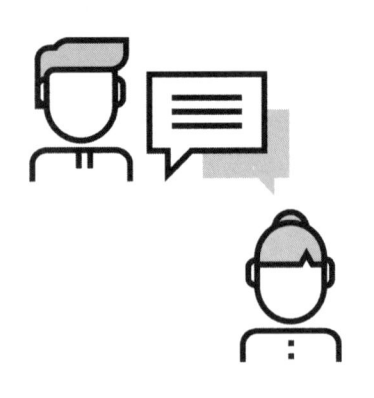

在线食品杂货公司奥凯多使用 Slack 通信应用程序,允许员工向公司内的任何人发送多媒体消息。Slack 的最鲜明特点是它的"多通道"技术,员工可以打开多个小窗口聊天界面处理某些特定问题。该应用程序还可以用于小组和团队成员之间的交流。公司首席运营官安妮·玛丽·尼瑟姆表示:"Slack 可以让大家了解最新的资讯。"奥凯多的员工可以建立自己的 Slack 群,比如随机午餐群,小组成员可以和以前从未一起吃过饭的同事一起吃午餐。该应用程序还有助于员工掌握话语权。例如,在与高管的对话会上,一名初级员工可能永远不会提问,但由于应用程序结构的扁平化,一个通道中的所有评论都会得到同等程度的呈现和关注。英国《金融时报》的麦迪逊·达比希尔写道:"在短短 4 年多的时间里,这个平台每周的活跃用户已超过 900 万人,5 万家公司为其付费。其客户包括美国国家航空航天局、20 世纪福克斯公司、美国国务院以及英国《金融时报》。"

总部位于得克萨斯州达拉斯市的电信巨头美国电话电报公司需要对其手机产品更新换代,这意味着该公司全球24万名员工中有10万人面临再培训的问题。这些员工做的工作都是未来几年会被淘汰的。为了解决这个问题,美国电话电报公司耗资10亿多美元,制订了"劳动力2020计划"。员工们对此都心怀感激,美国电话电报公司有史以来第一次跻身《财富》杂志评选的"最佳雇主100强"。

在新泽西州皮斯卡塔韦市,供暖和空调制造商特灵公司为员工指派教练作为其"指导顾问",指导他们如何在特灵这样的大公司施展才能。有一个例子很好地体现了教练的顾问角色。该公司管道部门的会计团队负责人詹姆斯·弗里曼想到了降低办公室照明成本的好办法,但是没有人理会他的想法,直到他的教练介入,指导他如何更好地向管理层陈述自己的观点。结果如何?詹姆斯的提案得到了批准,特灵在节能灯上投入

> 吉姆·哈里斯在他的《让员工爱上公司》一书中提出了解放员工行为的4个关键策略:
> ① 允许失败,可以再来。
> ② 摆脱官僚作风。
> ③ 鼓励挑战现状。
> ④ 为客户管理提供建议。

了 13.5 万美元。

---

位于达拉斯市的德理建筑设计公司,其副总裁兼管理负责人 C. 马克·塞利认为,要让 85 名员工获得成功和幸福,最好的方法是提供他们所需的物质工具和情感工具,然后退居幕后,让他们独立完成工作。根据塞利的说法,物质工具有:

➔ 最好的技术,包括计算机和应用程序。

➔ 一个舒适的工作环境,能使员工尽最大努力做好工作。

情感工具有:

➔ 激励员工,给他们提供机会,让他们保持积极的态度。

➔ 让员工知道你会在他们需要的时候施以援手。

➔ 给他们独立完成工作的自由,而不是总在一旁监督。

➔ 给他们提出高质量想法的灵活性和自由度。

---

位于东京的日本制药公司第一三共株式会社使用电子游戏来培训销售人员。员工扮演机器人,其任务是杀死屏幕中出现的生物。当销售人员开枪打死一种生物时,会跳出一行文字说明,展示公司的某种药品信息。第一三共株式会社初级保健销售培训主管黛布拉·阿斯伯里说:"我们的销售人员中有许多属于 X 一代和 Y 一代。我们需要一些能够让这些员工感兴趣的东西。"

---

丰田大学教务长迈克·莫里森表示，丰田公司"定期把员工从传统的办公环境中带出来，让他们在没有压力的环境下提出自己的创意，在没有职场要求的情况下集思广益"。该公司还提供了大量主题信息和阅读材料。

当形势变得艰难时，一些组织通过组建特别团队或交叉训练特别团队来迎接挑战。例如，在金融业务异常繁忙时，嘉信理财招募并培训了一支名为 Flex Force 的特别团队来帮助接听电话。万豪连锁酒店则对行政助理进行交叉培训，在员工不足时，行政助理可以兼任宴会服务员。这两家企业均表示，这样做不但节省了开支，还提高了员工的工作效率和业绩。

位于布鲁克林的迈蒙尼德医疗中心创设了一个新职位，被称为"爱岗敬业大使"。他们从管理层和工会等各个部门挑选员工来做这一工作。爱岗敬业大使很重要的一项工作就是给其他员工解释爱岗敬业的概念。他们还帮助提高了员工调查问卷的回收率，使一些员工克服了语言方面的障碍，以及解决了一些员工无法使用电脑的难题。总裁兼首席执行官帕姆·布里尔说："我们需要确保爱岗敬业大使能代表重要的员工群体，得到他们的信任并为

他们发声。"

CRC 健康集团的各下属机构分布在全美各地，公司在定期安排的领导会议上采用在线活动、虚拟学习和面对面研讨会相结合的形式，在创建爱岗敬业文化的同时保持了良好的发展势头。

为促进员工的个人成长和职业成长，在线零售商美捷步鼓励员工到公司图书室阅读图书。许多书对美捷步员工产生了重要影响，帮助他们尝试了新的经营方式。

为了让员工有机会在安全的环境而不是在厨房中学习，总部位于路易斯维尔市的肯德基使用虚拟现实技术对员工进行烹饪培训。沃尔玛和脸书也使用了虚拟现实技术对员工进行培训。

埃森哲员工可以将未使用的带薪休假送给需要的同事，这样，遭受亲人去世等变故的同事就可以利用这个时间处理私事。

在印度，70% 的业务流程外包公司，即那些为美国公司提供服务的公司，都位于城市的郊区，工作时间很不规范。位于印度北部诺伊达的 EXL Service 公司开始为员工提供几人合住的宿舍，并为他们支付水电费。

谷歌一向以员工福利好而闻名,公司非常重视员工的精神面貌。他们通过对自身的工作文化进行一番分析之后,实施了新的政策。在得知公司里新妈妈员工的流失率大幅上升后,公司采取了增加产假天数的应对措施,这使得新妈妈员工的流失率降低了50%。

## 案例研究：
## 绩效支柱

约翰逊县政府不仅公职人员非常敬业，其公民的公共事务参与度也很高。约翰逊县政府位于堪萨斯州奥拉西，有 3 800 多名公务员，为 57.5 万名居民服务，这是该州 105 个县中人口最多的县。服务公民这一努力的基础被称为"绩效支柱"，它定义了公务员应如何履行日常工作，使该县成为人们希望留下来并在此安居乐业的社区。作为公务员进行公共服务和努力达到高绩效的产物，绩效支柱是他们经常参照的标准资源。

人力资源高级合伙人泰瑞·诺斯克拉夫特写道：

我们在从招聘到绩效考核的每一项工作中都参照了绩效支柱，让员工能够相互分享各自的目标、优先事项以及学习和发展兴趣。绩效支柱清单等信息会在从公共区域到会议室的整个县政府大楼中进行展示。

我们有一个名为"领导力赋权所有人"的项目，通过这个项目，我们培训了 3 000 多名约翰逊县的公务员。我们相信，培训对员工爱岗敬业有积极影响。

**赋权员工**

他们所做的每一件事都是注重员工爱岗敬业的结果。各部门有权采取适合自身的运作方式。"为了指导每个人和每个部门，"诺斯克拉夫特写道，"根据最近一次调查结果，我们编写了《员工爱岗敬业最佳实践手册》，希望能改善现状。"

**调查**

为了确保工作有成效，约翰逊县政府每18个月进行一次员工爱岗敬业调查。他们调查新入职员工和应聘者，以改善入职流程；定期调查离职员工，以跟踪趋势，找出问题并做出改进。"我们认为爱岗敬业调查是一种工作常态，我们希望全年都能对结果进行筛选和讨论。"诺斯克拉夫特写道。他们把工具交到经理手中，与他们的团队分享部门的反馈情况，并讨论下一步如何继续改进。

**结果**

约翰逊县每两年进行一次居民满意度调查。诺斯克拉夫特写道：

在大多数关键感知指标上，我们的评分高于全国平均水平，约翰逊县的生活质量满意度高达95%。我们为自己的成功感到自豪，并相信我们这些尽职尽责、敬业奉献的公职人员会继续努力，为市民提供更好的服务。关于财政预算和税收去向的财务信息、通信调查结果以及我们的年度报告，我们也会公之于众，做到公开透明。

诺斯克拉夫特的团队还起草了一份年度《劳动力趋势和分析报告》，并呈送县委会成员和行政领导团队参考。该报告强调了员工工作热情对吸引和留住员工的重要性。

# 10

# 组织文化

**大多数公司认为人才是最为重要的资产。但除非员工感觉受到重视，不然他们不会轻易相信这点。**

组织文化是公司成员之间的黏合剂。它意味着公司的规范、实践和对每位员工共同努力的期待。因此，组织文化是其他一切的前提与基础。企业是声名远扬还是声名狼藉，都会强化企业内部员工和外界对该企业的看法。大多数组织使用"核心"价值或者"共同"价值的概念，向每个人传达该组织积极倡导的理念以及他们的工作重点。

例如,许多组织(尤其是制造业)的核心价值为"安全第一",也就是说,对所有员工而言,有一个明确的要求,无论他们做什么工作,效率有多高,进度是否延迟,都必须将安全作为工作的重中之重。这种安全观适用于多种不同的情况,包括捡起过道上可能绊倒行人的东西,给工业设备安装紧急关闭控制阀,以及就如何使用这些控制阀进行安全培训。

> 我认为没有好的工作环境,就不可能生产出高质量的产品,所以组织文化与优质的产品、一流的客户服务、良好的工作环境以及员工的生活质量息息相关。
>
> ——伊冯·乔伊纳德,
> 巴塔哥尼亚公司首席执行官

组织文化中的其他价值观也影响着员工的工作感受,进而影响他们的工作热情。这些价值观包括:将平衡员工的工作和生活的考虑放在首位,组织要承担一定的社会责任(例如,就组织内部而言,员工参加以"绿色生态"为理念的环境保护活动;就组织外部而言,员工参与和支持他们所在社区的活动)。

本章将分享众多实例,阐述公司如何将组织文化融入日常生活,并以此激励员工。

加拿大安大略省的布伦·安妮公共关系和营销公司有5名员

工，他们大部分时间都是远程办公。每天早晨，员工们都会在脸书或电子邮箱里收到一条充满正能量的信息和一则强调团队成员重要性的提醒，此类信息或提醒的例子有：

→ "团队合作，事半功倍。"
→ "我们每个人都是一滴水。但聚在一起，我们就成了一片海。"
→ "那一刻，你和队友心照不宣。"

"对我们来说，这非常有用。每天早上我们都会听到我们的团队在寻找鼓励的话语和积极的信息来面对一天的工作。"布伦·安妮说。

中西部地区零售服务公司是一家总部位于俄亥俄州哥伦布附近的B2B公司，主要向杂货店、宠物用品店、派对用品店和药店等各类零售商店出售货架和其他陈列设施。他们在三四个州聘用了大约15名员工，并在其他几个州派驻了外部销售代表。公司老板马特·雷每个月都会在公司大楼入口处张贴一张写有名人名言的海报。引用的名言每月初由不同员工选出，然后在团队日常分享会中读出来，并解释选择这一名言的原因以及这句名言对自己和公司各有什么启发。海报会用相框框起来，挂在各个办公室的门口，这样不管是有客人来访，还是员工进出办公室，都可以看到。名言也会同时在公司的社交媒体账号上分享，公司会对选出这一名言的团队成员公开致谢。到了月底，他们会保留本月的名言，然后选出另一名员工继续下个月的名言选用工作。

俄亥俄州梅森市的辛辛那提万豪东北酒店员工每天都需要落实一个"万豪20大核心理念"，全年每天轮换，这是酒店全体员工都要遵循的一套价值观。这"20大核心理念"包括"乐于付出""随机应变"等。此外，辛辛那提万豪东北酒店的员工人人都有一张承诺卡，上面列出了该酒店的其他价值观，其中有一条"20/10英尺誓言"，意思是员工在距离客人20英尺时，要目视客人，微笑以对；在距离客人10英尺时，要礼貌问候。

> 讽刺的是，以文化为目标的小项目往往比以经济为目标的大项目产生的经济回报更大。
> ——罗莎贝丝·莫斯·坎特，
> 《当巨人学会跳舞》作者

总部位于华盛顿州西雅图市的Zillow房地产信息在线查询服务公司设立了一个文化委员会。该委员会通过游说为员工争取到了各种福利，包括乒乓球、桌上足球和桌上曲棍球等运动项目，此外还有免费的汽水、果汁和牛奶。

位于加利福尼亚州圣迭戈的斯克里普斯医疗集团管理层取消了整个公司的周五例会,公司相信员工们可以在周末下班前完成一周的工作,并为下周做好准备。果不其然,员工周一上班时个个精神饱满。

在波士顿咨询公司,如果某顾问连续 5 周每周平均工作时间超过 55 小时,就会被列入红区报告。该报告有助于公司管理者、各部门主管和项目负责人发现有哪些过劳员工,并采取适当的应对措施。

马克·约翰逊博士是堪萨斯州匹兹堡州立大学技术学院的教授,在技术与工作技能学习系任教。他所在的系可以颁发劳动力发展在线学位和人力资源发展硕士学位。他说:

我们系只有四名老师,规模较小,但去年我们决定提升自身竞争力,去做更擅长的事情。

我们四个人都购买了奇普·贝尔和比里耶克·贝尔合著的《让客户为你着迷》。这是一本让我们重新思考如何对待客户和同事的好书。我们拿到书后立即开始实施书中的理念。但是我们不是像以前那样,由系里发申请表让感兴趣的学生填写,而是每个人都写了一封感谢信,感谢每位申请人对我们这个学位项目感兴趣。学生来访时,他们可以与每位教师见面交流。我们四人不只是同事关系。

每周，我们都会自问我们的教学是否富有感召力，能否吸引学生。

从我个人的角度来看，我们的教学设施比以前大有改善，越来越多的学生好评也吸引了更多人申请我们的学位项目。该项目的注册学生已经注意到这一积极变化，对师生合作学习的重要性也给予了好评。

由此可见，来自组织外部的积极反馈很有帮助。我告诉学生："学然后知不足。"学习新知识，才能让旧知识创造更大的价值，于不平凡中创造非凡！

---

位于弗吉尼亚州里士满市的 Advanced Patient Advocacy 公司以"同情他人、追求结果"为发展理念，致力于为患者提供支持服务。该公司会对展现公司文化和价值观的员工加以认可和奖励。

员工被要求写一份自我汇报表，该表可以捕捉、记录一些重要细节。员工成功总监艾米·怀特说："客户成功团队与我们的客户分享这些信息，以展示 APA 员工每天为他们创造的价值。"每月底，公司会选出一份最能展现 APA 方式的报告，获选员工会收到一张价值 10 美元的星巴克礼品卡，在公司内网上和双月电子杂志上也会得到表彰和认可。年底时，凡提交报告的人都有机会抽取 50 美元的 Visa 礼品卡。

公司也会通过每月的员工会议开展小组活动，让公司文化深入人心。怀特补充道："活动丰富多彩，既有了解有些人为什么没投保的小活动，也有让团队设计自己的'盾徽'这样创造性的活动。每个活动指南都会在公司内网的经理工具箱中与所有经理共享，作为团队工具共同使用。"

普渡大学动物与人类关系研究中心主任艾伦·贝克说："动物可以缓解紧张气氛。你和别人说话时，血压会上升。但是你和动物交流时，血压就会下降。"马里兰州的许多公司会使用波托马克巡回宠物动物园Squeals on Wheels的宠物来帮助员工缓解压力。探索传播公司会举办动物爱抚派对。洛克维尔市的阿伦森会计师事务所也在关键时刻租用Squeals on Wheels的宠物。洛克维尔市的Dataprise公司员工称，和小狗一起待一会儿后，他们感觉心情平静多了。一名员工说："工作中我要同时处理多项任务，所以跟多只小狗一起玩耍对工作很有帮助。"

丹麦著名的玩具制造商乐高公司一直致力于奇思妙想和富有想象力的游戏，其公司文化定位非常明确。公司首席执行官认为，工作产生的价值应该与公司产品的价值相匹配。他们没有采用传统的办公室格局和家具，而是营造出一个更有利于玩耍的工作环境。在产品测试和巡展期间，孩子们经常来参观，与工作团队成员一起玩耍。乐高公司需要的是一个有助于自由思考的工作环境，而不是普通乏味的职场。因此，在他们园区的任何地方，你是看不到员工手册的。

My Virtual HR Director 是一家总部位于新泽西州帕林市的人力资源咨询公司。该公司老板乔·坎帕尼亚在三家客户公司设立了福利中心——一个可以让客户享受员工折扣的市场平台。该平台是由 AdminiSMART 公司的大卫·弗洛克推荐的。AdminiSMART 公司位于新泽西州伊顿敦，这是一个国家级的人力资源顾问和供应商信息中心。"美国十大公司中有五家都在使用该平台。"弗洛克说。坎帕尼亚设立的三家折扣福利中心分别位于一个宗教组织（有120名员工）、一家催收账款公司（有30名员工）以及一家制造公司（有70名员工）。报告显示成果卓越。坎帕尼亚说："6个月后，员工平均参与率达72%，在使用该系统的员工中，有93%的员工是回头客，有34%的员工每月都会再次光顾。管理层喜欢的理念是：帮员工省钱，给他们提供额外的福利，使他们在竞争中脱颖而出。"

> 人们希望拥抱挑战，期待迎接挑战。金钱并非是万能的。我想创造一种文化，能够让人们在早上上班时，心怀期待，在晚上下班时，心情愉悦。
>
> ——鲍勃·坎特韦尔，
> 哈达迪公司总裁

# 案例研究：
# 在入职管理流程中了解公司的文化与使命

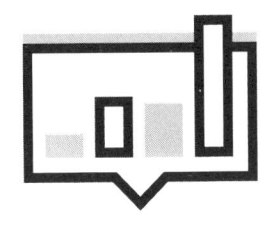

肯塔基房产公司位于肯塔基州法兰克福市，负责商业服务的副执行主任艾米·史密斯博士说："入职流程旨在让新员工自入职第一天起就了解我们公司的文化与使命。我们通过这一流程向员工阐述公司的发展战略以及每个员工可以扮演的角色。流程名称是'KHC大联合：从你开始，家家相连'。"入职流程如下：

→ 主管招聘员工并约定正式上班日期，然后在员工正式入职前通过电子邮件或电话联系他们一两次，联系的事项包括岗位信息、预计的薪资待遇、入职须知等。

→ 员工服务部会给新员工邮寄一个欢迎文件夹，里面装有重要的文件资料和一个存有员工手册的U盘，所有这些都装在一个皮革文件夹中。

→ 技术服务部、商业后勤部以及员工服务部与招聘主管通力合作，为员工办公（不管他们是全职上班、兼职上班还是远程办公）提供所需的办公室和办公桌，以及合适的计算机设备（台式机、笔记本电脑或平板电脑）。

→ 员工服务部为主管提供一张"欢迎卡"，所有办公区/部门的同事在新员工第一天入职报到前签好名。"欢迎卡"随入职礼物一起交给新员工。入职礼物装在一个色彩搭配和谐的绿包中，礼物包括咖啡杯、平底玻璃杯、鼠标垫、内衬书写板、翻领别针和钢笔。所有礼品都印有公司标识。这些物品和一份公司战略文件会在新员工报到之前放在他们的办公桌上。

→ 员工服务部将写有新员工名字的"欢迎条"贴在办公室的门上或小隔间的墙上，提醒老员工应对新员工表示欢迎。

→ 主管创建一份30-60-90天的计划，并与新员工共享该计划。该流程最重要的一环是：主管必须承诺定期抽出时间，通常是每周或每两周，检查员工在接受任务、适应公司文化和理解公司使命方面的进展。

→ 最后，在上班的第一天，新员工须与员工服务部的人员参加一系列会议，了解公司概况和新员工须知等信息。新员工还会与技术服务部人员会面，了解相关技术操作；与商业后勤部人员见面，学习电话系统和安防系统的使用方法；与沟通和营销部人员见面，通过与员工的交流，了解公司的使命和产品，并与法务/内部审计部人员会面，了解哪些政策与员工利益攸关（如清洁办公桌、信息安全等规章制度）。在新员工上任的第一天，办公区/部门会组织一次欢迎午餐。在他们上班的前三个月及以后的工作中，主管还会指派一名导师或指导者为其提供帮助。

许多公司在企业最高管理层中增加了一个新角色：首席文化官，负责监督公司的人力资源、招聘和培训团队。首席文化官有助于延续公司传统和推广最佳实践案例。总部位于佐治亚州亚特兰大市的电子邮件营销公司"邮件猩猩"就是这样一家公司。

总部设在丹佛的软件公司 Full Contact 会为员工的度假买单，该公司拿出 7 500 美元用于员工所说的"付费"假期。他们可以去任何他们想去的地方，但必须真正去到某个地方。因为当人们真的去度假时，他们会在假期的这段时间把工作上的事情抛在脑后。等他们度假回来后就会精神焕发，会为了公司的目标而更加卖力工作。

总部位于迈阿密的终极软件集团公司为员工支付全部医疗保险费。不仅如此，公司还给员工家属购买医疗保险。该公司还提供免费的训练营课程。

加利福尼亚州的家族企业 In-N-Out 汉堡颇受汉堡爱好者的欢迎。这家连锁餐厅也得到其员工的青睐，不仅仅是因为他们可以免费吃工作餐。该餐厅员工热爱工作的其他原因还包括薪资丰厚、

401k 计划、弹性工作制、带薪休假以及其他一些特殊活动。

CustomInk 是一家位于弗吉尼亚州费尔法克斯市的服装和促销设备打印机公司。为实现生产目标，公司为员工提供了许多便利设施，包括舒适的餐厅和休息室、免费的餐饮和小吃，以及休闲着装的规范。内华达州里诺市的团队服务经理贝丝·克拉克说："在这里工作，你可以将个性化的图案打印到 T 恤上，在工作场合穿着也没关系。"所有这些都是为了在一定程度上减轻员工的工作负担，而且效果似乎还不错。CustomInk 因此成为评分最高的企业之一，连续两年进入《福布斯》"100 个最佳职场"排行榜。

里诺市的学习发展部主任劳拉·彼得森说："我们工作非常努力，也期待众多员工能对公司忠心耿耿、不离不弃。"彼得森很清楚他们公司的文化导向是正确的。让她引以为豪的是，在她雇佣的 60 名美术设计师中，有 50 名都是工作了 10 年之久的老员工，而且他们仍然愿意留在公司继续效力。

圆桌会议公司是一家总部位于佛罗里达州杰克逊维尔市的讲故事公司，使个人获得发展是该公司文化的重要组成部分。公司首席执行官兼创始人科里·布莱克说："我们计划今年分三次将我们的 12 人领导团队派往克利夫兰市的格式塔学院学习，以促进他们的个人发展。此外，他们还负责解决员工的自我认同、婚姻和养育子女的问题。布莱克补充道:"对员工的生活提供帮助对其工作也会产生有利影响,同时还能让员工对公司更加忠诚,对同事更加真诚。"

> 客户是我们公司存在的根本。为了更好地服务客户,我们必须把员工放在首位。员工才是一家公司真正的竞争优势所在。
> ——哈尔·罗森布鲁思,
> 罗森布鲁思国际公司前首席执行官

Betabrand 是一家总部设在加利福尼亚州旧金山市的零售服装公司和众筹平台。每隔 4~6 周,公司会向员工赠送公司积累的飞行常旅客里程,员工可以进行免费的国际旅行。

在美国,超过 30 个州的儿童保育费用超过了大学学费,在其他一些州,儿童保育费用比房屋租金还贵。一些公司并未忽略这一事实,尤其有三家公司明白这是留住员工的一大良机。

→ 赛仕软件公司是一家位于北卡罗来纳州卡里市的分析软件公司,该公司为员工子女支付日托服务和学前教育费用。公司发言人香农·希斯说:"当因为工作无法脱身时,如果得知孩子得到了最好的照顾,那真是如释重负。员工快乐,顾客也会变得快乐。员工越忠诚,员工的流失率也越低:我们公司的员工平均流失率约为 3%~5%,而行业平均水平为 18%。"

→ 总部位于俄亥俄州辛辛那提市的五三银行，为即将成为母亲的员工提供免费的产科代办服务。

→ 自从 IBM 在 2015 年关注职场母亲的需求以来，越来越多的公司开始租用母乳运输服务（比如 Milk Stork 公司），为外出旅行的母亲提供哺乳便利。波士顿科技公司的员工使用 Milk Stork 公司的服务，该服务平均每天花费不到 140 美元。

位于加利福尼亚州旧金山市和匈牙利布达佩斯市的演示软件公司 Prezi 认识到，性格内向者也会给公司带来价值。该公司首席执行官本人就是一个内向的人，他知道有些内向的人需要独处，这样他们才能集中精力完成工作。因此，该公司鼓励性格内向者既独立工作，又充分参与团队合作。公司为性格内向者提供的设施包括安静的房间、冥想室和其他小空间，这可以让员工有单独思考的"大脑空间"。

软件工程公司"金属蟾蜍"舍弃了传统的员工手册，转而给每位新员工发一本皮面装订的期刊，名为《蟾蜍传说》。他们发现，传统的员工手册无法有效传达公司的文化。而《蟾蜍传说》则与之不同：该期刊包含了公司所有的文化隐喻和行话，比如将员工称作"蟾蜍"。运营副总裁蒂姆·温纳在设计手工艺品、图腾、手册或期刊时，遵循着 6 条准则：

①根据哲学而非政策进行管理。
②寻求一个规模较大的热心团队的支持。
③让设计更有创意、更大胆。
④不要有太多顾虑。
⑤引用一位新入职员工的座右铭。
⑥产品推广要大张旗鼓。

"公司文化很重要,"温纳写道,"而传达公司文化的方式更重要。"

金融服务公司花旗集团有三大核心价值观(也是公司的共同责任)指导员工与同事、客户以及公司的行为。这三大核心价值观是:始终秉持最大诚信原则,为客户提供优质的产品和服务;为花旗集团所有员工提供充分发挥潜力的机会,尊重公司的每名员工,同时倡导多元化;保护公司特许经营权,保护花旗集团的长期利益和历史文化传统。

密歇根州齐兰的家具制造商赫尔曼·米勒公司的核心价值观是:承认每名员工的优势和差异。赫尔曼·米勒公司坐落在一个水池旁边,公司门口矗立着一尊名为"宝瓶座"的雕像,它用光束投射出为公司工作了20年及以上的元老级员工姓名。该雕像(宝瓶座奖会在年度庆典上颁发给工作了20年的员工）象征着美国人的信念，即无论头衔大小、职位高低，每份工作对一个人的生存都至关重要。

位于俄亥俄州代顿市的黄页制作商贝瑞公司将倒金字塔结构作为其商业模式。公司没有把首席执行官和高管放在金字塔的顶端，而是把金字塔翻转过来，把客户放在金字塔的顶端，然后是与客户接洽的公司全体员工，这两大群体成为公司关注的焦点。倒金字塔的最底层是首席执行官，他的工作是给公司销售人员和其他员工提供支持。

> 善待员工方可善待顾客。
> ——托德·英格兰德，《激励杂志》主编

户外服装制造商巴塔哥尼亚公司鼓励员工践行公司的价值观。巴塔哥尼亚公司的环境实习计划鼓励员工到他们选择的非营利性环境组织工作，累计时间可以长达两个月，但同时又能从巴塔哥尼亚公司拿全额工资并享受其他福利。员工可以选择以公休假的形式进行环境实习，休假方式包括从正常工作中抽出两个月的整段时间或每周休几天。

意大利马拉内罗的汽车制造商法拉利公司有12大核心价值观，与该公司顶级赛车引擎中的12个汽缸相对应。这些价值观包括：

- → 传统与创新。
- → 个人与团队。
- → 激情与运动精神。
- → 地区性与国际性。
- → 道德与利润。
- → 卓越与速度。

总部位于纽约的全球房地产公司高纬环球的座右铭是"玩得开心",因此在该公司葡萄牙办事处,只要员工想尝试,随时都可以受邀参加飞机跳伞活动。活动包括为期两天的跳伞训练课程,然后员工可以休假一天,享受真正的跳伞运动。其他符合公司座右铭的趣味活动包括部门日出游活动。在此期间,员工团队会到水疗中心进行实地考察,乘坐吉普车旅行,并学习如何潜水。

北卡罗来纳州卡里市的一家人力资源公司 Balancing Professionals 给员工放假,让他们去社区做志愿者。公司合伙人玛丽安娜·佩林说:"这样可以让员工暂时离开工作岗位,到社区去帮助别人。"

优质营养公司的总部设在加利福尼亚州埃默里维尔,回馈社区是该公司文化的一个重要组成部分。公司总裁达西·霍恩·达文波特说:"我最喜欢公司的一点就是员工有热情、肯努力,能够为世界带来爱和美好。这种爱和美好超越了公司的物理空间,传向四面八方。"尽管本身工作量很大,但员工每半年都要到社区做义工回报社会。该公司提供了几个为社区做贡献的机会,例如,与加利福尼亚州各大酿酒厂合办自行车赛,比赛总共筹集了6 000美元用于野火救援。公司现在正发起一个更大的慈善项目,慈善合作伙伴的数量将增加一倍,员工将投票选出两个接受捐款的慈善组织。

在密歇根州齐兰的家具制造商赫尔曼·米勒公司,员工每年有8个小时的带薪时间到社区做志愿服务。有一年,公司设定的目标是拿出共10 000个小时的时间支持员工做志愿者服务。志愿者活动包括与"人类家园"国际组织一起建造房子、为癌症患者筹集医疗费等。

巴塔哥尼亚公司的董事会会议室被用来存放员工的冲浪板,以便员工在工作日休息时使用。

四大会计师事务所之一的普华永道向员工发放了一本名为《休息和放松:休假的价值》的小册子。小册子摘录道:"尽量不要打电话到办公室讨论业务问题,也不要查看语音信箱或电子邮件。你要么抛开烦恼、放松身心去度假，要么专心工作，总之不能一心二用。"

在康涅狄格州绍辛顿市的亚德金属公司，665 名员工可以去公司健身房锻炼，把狗放在公司的狗舍里，或者在休息室里打盹。创始人、前总裁兼首席执行官克雷格·亚德说："真正的问题是我们如何对待员工。这就是我们对自己的定位，也希望公众能因为这一点而记住我们。"

总部设在英国伦敦市的商业服务提供商商业环境有限公司为员工提供各种奖励和福利，这能使他们感受到经理对他们的赏识，并有动力每天都全力以赴。这些奖励和福利包括伦敦之旅、保龄球活动、团体餐和家庭娱乐日。因此，80% 的公司员工表示自己工作非常投入，86% 的员工认为同事之间彼此关心，还有 81% 的员工对未来充满期待。

谷歌公司致力于为员工提供一整套福利计划。除了提供丰厚的薪酬（谷歌在美国可以算是薪酬待遇最好的公司了），该福利计划还包括配餐、干洗、按摩、餐饮和特殊的育儿假政策。他们的员工分析团队分析了员工现在的幸福感和未来的幸福感，基于这些分析结果,他们又继续开发新的项目,以保证始终满足员工的需求和期望。

谷歌总部有一名全职后勤管理员,负责帮助员工处理一些日常事务,以免他们工作时分心。所有员工,不论级别高低,都可得到这种后勤服务,包括预订餐厅、订购鲜花和推荐就餐地点。此外,服务还包括周三和周四免费使用按摩椅、免费使用洗衣机和烘干机、给生育员工提供 500 美元外卖券、一年一次免费滑雪旅行、17 家提供免费食物的餐馆和一辆茶具推车。

华盛顿州西雅图市的网站顾问 ZAAZ 为员工提供免费公共交通工具和健身俱乐部会员资格,还时不时地赠送彩票和糖果等物品。

美国家庭人寿保险公司改进了其认可项目,以增强公司的家庭意识,重视家庭是公司文化的重要组成部分。员工答谢周是该项目的主要内容。在答谢周第一天,公司邀请全体 4 000 名员工在租用的多屏影院观看免费的家庭电影。随着一周的开始,餐厅会提供免费早餐、举行抽奖活动。员工可选择带家人去游乐园、儿童爱畜动物园或其他自然场所。到了周末,员工会收到一份礼物,可以和家人分享。

总部设在明尼苏达州里奇菲尔德市的电子零售商百思买公

司，邀请兼职销售员杰克·洛克威尔为来自公司总部和各区域分部的 2 000 名门店经理和高管表演说唱歌曲。杰克的说唱表演赢得了观众们的热烈掌声，他也度过了一生中愉快而又难忘的一天。

Visa、思爱普、Salesforce、通用家电、英伟达、论坛媒体服务集团、Slack、Instacart 和 OpenTable 等公司为员工提供"家庭医生"基因测试服务，用于检测与重大疾病相关的基因突变问题。

中国香港的服装零售商佐丹奴国际有限公司鼓励员工自发组织开展鼓舞士气的活动。为此，公司将提供必要的资金等资源予以支持。佐丹奴的人力资源总监颜丽真说："经验告诉我们，如果鼓舞员工士气这件事由我们来带头做，那么我们一停下来，员工也就失去了动力。"

> 美国有 35% 的员工表示，如果能看到自己的直接上司被炒鱿鱼，不加薪也罢。
>
> ——员工敬业集团

Piscines Ideales 是一家总部位于希腊雅典大区佩夫基的公司，其专门负责游泳池设计、建造和维修。公司员工结婚时可额外获得一个月的工资作为奖金；员工生孩子也可获得奖金以及带薪假期；员工如果有子女去上大学，公司就会奖励其一台个人电脑；员工有各种资金需求（包括买房）都可以从公司贷款，不用还利息

> 员工的努力和付出需要得到认可和奖励。你甚至不用给他们太多奖励，因为他们需要的是你真正在乎他们所做的工作，奖励实际上只不过是一种象征而已。
>
> ——汤姆·卡什，
> 美国运通前高级副总裁

或利息很低；员工需要公司为他们建按摩浴池或游泳池的话，他们也可以享受相当大的折扣。

户外用品公司REI积极鼓励员工走出办公室，享受带薪户外休假。员工购买本公司的户外用品可以享受大幅折扣（7折），如果选择公司的探险旅行，也可享受半价优惠。公司还举办了"选择户外"活动，即黑色星期五当天，公司所有151家门店关门停业，让员工到户外活动，但当天工资照常支付。

按揭贷款公司Quicken Loans给员工免费提供"周四售票窗口"发售的音乐会和体育赛事门票。每周，公司首席执行官都会通过广播宣布获得免费门票的员工。

赛仕软件公司为园艺师、餐饮服务人员、管家和其他后勤人员提供与专业人员相同的福利。因此，服务类员工的流失率远低于同类公司。

总部位于费城的 RevZilla 公司以多种方式表达对员工的感谢，包括举办 ZillaPalooza 周，活动期间，员工可以玩各种游戏，有冰激凌卡车供应冰激凌，用餐休息时间还提供餐点。

---

2015 年，李维斯公司要求供应链合作伙伴为其代工厂的员工提供便利的生活设施。墨西哥的纳萨雷诺工厂就是一个例子，在那里，管理层升级了工厂园区的生活设施，增设了足球场和自动取款机，更换了新风扇，以满足员工在生活舒适度方面的需求。

> 每个人在适合的领域工作时都会更加得心应手。
> ——迈克尔·勒博夫，
> 《世界上最伟大的管理原则》作者

---

荷兰科技界巨头荷兰皇家帝斯曼集团对公司重新进行定位，重塑企业形象，以应对诸如饥饿和气候变化等全球性问题。结果，公司现在市值达 88 亿美元，其股票接近历史最高水平。首席执行官谢白曼说："目标比利润更能激励员工。如果员工能够对别人说'我们公司让世界变得更清洁，食物更健康'，就说明他们真的是以公司为荣。"

---

美捷步公司有一份公开声明：

我们知道，没有供应商的承诺和热情，我们是不可能成功的，因此每年我们都想对供应商表达我们的谢意。我们通常会租用一个场地，比如硬石酒店的游泳池或棕榈酒店的 Rain 夜总会，然后邀请所有供应商来参加我们的感恩回馈活动。另外，我们手上还有 3 000 多名潜在供应商。专注于与供应商建立关系让我们受益匪浅。他们帮助我们规划业务，确保需要出货时随时都有合适的产品供应。而当库存稀缺时，他们帮我们采购热销商品、补充库存。

艾凡达美容美发学院的首席执行官弗雷德·霍尔茨伯格在一年里给 400 名同事放假一天，让他们在自己选择的慈善机构工作一天。但有一点需要预先声明：回到学院后，员工必须与弗雷德分享他们的慈善工作经验。这一做法给员工带来了巨大改变。为他人服务后，员工的人生观发生了很大变化，工作时精力更加充沛。

位于加利福尼亚州沃森维尔市的船艇用品零售商 West Marine 雇佣船工在其商店工作。船工喜欢与人分享他们对划船运动的热爱和执着，因此，他们可以与顾客有更多交流互动。

床垫邮购公司卡斯珀允许员工在公司展销厅的一张高品质的床上打盹或开会。该公司还有一张庞大的平面图，员工可以任意选择某些地方召开非正式会议或共进午餐，而这可以强化员工之间的合作关系。

为了吸引千禧一代，一些公司将替员工偿还学生贷款作为一项员工福利，这可以通过工资扣减和配套补发员工应付贷款来实现。之前采用这一方式的公司包括安泰保险、普华永道和在线教科书租赁公司 Chegg。

安讯士通信让所有新员工前往瑞典隆德的公司总部进行为期几天的入职培训。在那里，员工会见到同事与高管。每年一月份，整个北美公司都会去某个地方开年会，目的是为未来做好规划。2017 年，他们去了墨西哥的坎昆市。

为达到美捷步对客户服务"苛刻"的要求，每名新员工都需要参加长达 4 周的培训，包括两周在呼叫中心的培训。首席执行官谢家华全程参加了首次新员工培训课程，此后所有员工都参加培训。美捷步大胆提出，那些中途离职的员工可以获得 4 000 美元补偿，最后约有 2% 的人接受了这一提议。用谢家华自己的话说："这是为公司文化完整性付出的一小点儿代价。"

奥克兰储蓄银行呼叫中心鼓励其工作团队在下班后举行社交聚会，比如骑自行车或划皮划艇。这些团队成员建立了工作之外的关系和值得信赖的友谊，彼此之间构建了真正的关系网。

> 作为我们共赢文化的一项重要原则，我们鼓励在各个方面给予员工认可，具体表现为给门店特别奖励和适当的现金奖励。
>
> ——迈克·厄尔曼，
> 杰西潘尼首席执行官

WeWork 是初创者和自由职业者颇为青睐的公司，总部设在纽约，为全球 165 家公司提供服务。公司总部配设的楼梯有三个令人印象深刻的平台，这里还有沙发和休息室，这种布局可以促进 WeWork 工作团队和同样租用该三层建筑的其他 100 多个公司产生协同增效作用。

在成立 25 周年之际，赛仕软件公司成立了工作生活部，该部提供教育、网络和推荐服务，帮助员工孩子选大学，并设立了一个退休计划基金，全部费用由公司承担。受益于这些福利，员工生活无后顾之忧，赛仕软件公司估计每年可节省高达 8 000 万美元的招聘和人员调配成本。自 20 世纪 90 年代中期以来，赛仕软件公司推出了老年人护理计划，公司配有一名全职转诊专家，帮助员工为年迈父母寻找养老院及辅助生活设施。

# 案例研究：
## 从愤世嫉俗到协同努力

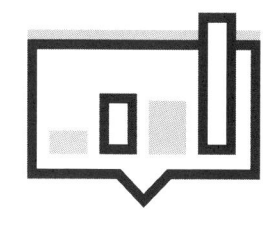

格伦·汤斯顿在担任英国伦敦泰晤士河畔金斯顿皇家行政区总警司时，手下有450名警察。他面临的挑战是如何让团队成员不那么愤世嫉俗。

汤斯顿从分析破案率和员工爱岗敬业数据入手，发现有必要向团队成员说明，员工热爱工作有助于提升破案率。他把通常会公布出来的数据图表换成了一句简单的标语：你们说到，我们做到。他想强调团队专注于倾听和行动的必要性。汤斯顿还启动了一个员工认可计划，本辖区的任何警察所取得的成绩都可以得到其他同事的认可。该计划广受欢迎，以至初级警官要求管理者将认可纳入工作范围。

**结果**

在过去几年里，金斯顿警方的破案率提高了一倍，社区投诉率降低了59%。在汤斯顿的领导下，金斯顿成为伦敦最安全的区，并在伦敦警察厅的评比中成绩突出，金斯顿区最受公众信任，受害者对办案效果也最满意。汤斯顿后来被提升为区长。现在，他成了一名员工激励方面的专家。改变金斯顿区的文化仍然是他最得人心的一项政绩。

根据Bersin人才管理系统的数据分析，员工爱岗敬业的企业：

- 每名员工收入多了28%。
- 雇佣最优秀人才的能力提高了87%。
- 培养杰出领导者的能力提高了156%。
- 应对经济问题的能力提高了92%。
- 未来规划的能力提高了114%。
- 裁员减少了28%。
- 优秀员工流失率下降了49%。
- 员工整体主动离职率下降了17%。

汤斯顿说："关于让员工参与我们的决策团队，我曾公开说过，我们在金斯顿实施的每一个伟大想法都不是领导团队提出来的。"

美国佐治亚州玛丽埃塔市的Wellstar健康系统公司为团队成员提供委托代办服务。代员工处理日常事务，如换油、干洗、购买杂货和礼品以及进行旅行规划等等。所有这些差事都是免费代办的，旨在减轻员工的上班压力。

他们的后备关怀计划为员工的子女或老年亲属提供长达80小时的护理时间，因此当工作未能按计划进行时，员工也能从容应对。

西南航空公司决定更换员工的旧制服，高管们认为公司不用从外面雇佣设计师，公司内部就有优秀的设计师——员工。与公司沟通后，数百名员工跃跃欲试。在19个月的时间里，40多名员工每两周在芝加哥和达拉斯会面一次，就重新设计制服展开合作。

参与这一项目的空姐琼·马斯特称之为"难忘的经历。"

可口可乐聘请晋思建筑事务所为其 5 000 多名员工重新设计工作场所。结果在 6 栋大楼间打造了一条"主街",分布有方便交谈的休息室、咖啡馆、医疗中心和药房。自从有了新的工作场所,部门主管更愿意在新场地举行为期多日的会议,而非租用其他场地。因此,一方面,会议成本下降了,另一方面,员工士气也提高了。

> 心情愉悦是最好的动力。当员工对公司有好感时,他们的生产效率会更高。
> ——戴夫·隆加伯格,
> 隆加伯格公司首席执行官

总部设在犹他州盐湖城的教育科技公司 FuzePlay 负责设计并制造可拆装玩具。由于社交媒体的普及,创始人克里斯蒂·塞维为那些想模仿 FuzePlay 设计的父母提供了一个志愿者项目。

在凯悦酒店,员工投入大量时间在当地社区做志愿者。仅在一年内,来自 44 个国家、170 个地方的 7 000 多名雇员就投入了 26 000 小时的时间开展志愿者工作。

办公用品巨头史泰博使用一个名为 Profts4Purpose 的在线平台,鼓励员工为那些对其个人而言非常重要的慈善机构做志愿者。这是鼓励参与的一种方式,但史泰博做得更好。通过这个平台,员工可以要求公司向这些慈善机构捐款。

音频产品制造商斯酷凯蒂上市后,公司文化中那些年轻的街头文化元素有所减少。为此,管理层在公司创造了新的滑板文化,以功能性滑板坡道和滑板纪念品为特色。他们致力于打造一个具有激励作用、基于绩效的灵活协作环境。

在耐克制定其可持续发展政策之前,这家鞋业巨头向员工征求意见。他们共同提出了一项以员工投入为特点的可持续发展新倡议。

金普顿连锁酒店以"金普顿时刻"闻名,这是一种以顾客为中心的战略,为客人提供真诚、即时、典范的服务。金普顿认为,为了让员工不断地为客人提供优质的服务,员工必须首先体验自己公司的优质服务。他们打造了一个让人感到轻松愉悦的非正式工作环境,酒店每年奖励 1 万美元给那些提供了最佳服务的员工。他们每年还举办一次家政运动会。各级管理人员都要遵循包容开放的政策。

卡特里娜飓风过后,路易斯安那州新奥尔良市的安特吉电力公司立即帮助所有 1 500 名员工搬到更安全的地方，并为员工在交通、儿童护理和理疗等很多方面提供便利条件。他们还告诉员工不要担心他们的工作，安慰员工先以家庭为重。人力资源高级副总裁特里·谢蒙说，公司"不但员工更加热爱工作了，甚至员工流失率也下降了"。

> 让我们的员工参与职场的健康计划有助于降低他们的健康风险，提高工作效率和员工满意度。
> ——比尔·罗德斯，汽车地带总裁兼首席执行官

《快公司》称戈尔公司为"世界上最具创新力的公司"，因为他们的做法与世界上几乎所有组织都大不相同。戈尔公司于1958年创立，但现在的戈尔公司已是今非昔比。他们取消了正式的等级制度，也没有经理、职称或考勤卡等概念。工作团队根据个人贡献对其成员进行评估和排名，评估过程和结果公开透明。

位于加利福尼亚州伍德兰市的晨星番茄加工公司提倡员工进行自我管理。公司里没有所谓的主管，公司的使命才是员工工作的重点。每位员工都根据公司使命设计自己的使命宣言。公司必须向员工明确传达，对于公司使命他们可以做什么贡献，以及怎么做贡献。这项政策

似乎起了作用：20年来，晨星公司的业绩一直保持两位数增长。

奥多比软件的客户支持专家切尔西·朗高度认同公司的一项政策，该政策允许她向非营利组织捐款并去做志愿者。员工每做10个小时的志愿者服务，奥多比都会向该员工选择的慈善机构捐赠250美元。迄今为止，公司已为朗的这项志愿服务捐赠了2 000多美元。朗说："你可以在任何地方做志愿者，奥多比公司也策划了许多不同的志愿者活动，包括在'麦当劳叔叔之家'准备晚餐，为'艺术材料'组织捐赠活动，为纽约市援助会救济的无家可归者准备饭菜。"

"服务之路"政策是添柏岚公司一项重要的企业社会责任政策，该政策要求所有全职员工花40小时的时间到社区服务，其间工资照发。约翰·帕扎尼在公司的艰难时期加入，当时他向首席执行官杰夫·斯沃茨建议终止该政策。斯沃茨说，他会在帕扎尼"做完社区服务"后考虑这一建议。如今，帕扎尼改变了看法，他说："这种政策和做法可能要让公司花不少钱，但我们不会因此失去员工。"添柏岚公司的主动离职率仅为个位数，这在零售业几乎是不可能的。另外一个好处就是，客户也想参与其中。

赛仕软件公司以福利好而闻名，公司给员工提供蒙特梭利日托中心、健身房、健康中心，并帮助员工解决老人护理等问题。因此，这里的员工热爱工作，"设计了很多创新软件"，对公司也非常忠诚。一位系统开发人员在思科公司工作不到9个月后离职，重新回到工作了18年的赛仕软件公司，他解释道："思科公司完成一个技术程序要花好几个小时，而在赛仕软件公司通常只需要几分钟就能完成。在赛仕软件公司，我在3周内做的工作比在思科公司9个月做的工作还要多。"

作为美捷步健康冒险计划的一部分，健康协调员会随机将员工从其岗位上调离，去做一些有趣的事情，可能是蹦床、激光枪战，或者上一堂速成高尔夫球课。

快餐连锁店福乐鸡的健康中心有跑步机办公桌，员工注册后就可以使用，将笔记本电脑放在桌上，可以边工作边跑步。

对信用卡公司第一资本而言，关键不在于钱包里有什么，而在于人在休息时——床上有什么。职场解决方案策略师米歇尔·克莱弗登说："我们相信放松可以让员工恢复活力、充满能量，因此，我们充分利用每一个角落，优化

> 吉姆·柯林斯和杰里·波拉斯经研究发现，由目标和价值观驱动的公司比对照组公司的业绩好6倍。
> ——员工敬业集团

每一个细节,打造私密幽静的空间,给人一种安全感。"

纽柯钢铁公司的前首席执行官肯尼斯·艾弗森决定停止使用不同颜色的安全帽来区分不同部门的做法。在此之前,不同颜色的安全帽确实起到了区分不同部门的作用。但是当工人对此发出抗议后,艾弗森与员工们进行了一系列讨论,他们明白了,权威并非由安全帽的颜色决定,而是由他们的领导能力决定。

20多年来,纽柯公司通过采取不裁员政策避免了裁员。公司制订了"同甘共苦"计划,根据该计划,在经济低迷时期,所有员工都会减薪:工人和工头减薪20%~25%;部门主管减薪35%~40%。管理级别越高,减薪的比例也越高。公司前首席执行官丹·迪米科说:"如果在公司困难的时候,公司对员工说,我们现在不需要你们了,那么你是不可能拥有一支忠心耿耿、能为公司奉献一切的员工队伍的。"

威斯康星州的信合保险公司希望员工的意见能够提高公司的社会责任感。通过内部网站、调查、社交媒体和会议等了解渠道,管理层要求900多名员工确定他们认为最有意义的志愿工作和慈善捐赠的种类。他们发现,超过90%的公司员工对可持续发展问题非常关注。根据这一结论,他们制订了面向全公司的可持续发展以及环保计划。

对纽约品牌设计咨询公司 Sylvain Labs 来说,"上班族干副业"是其业务的一部分。首席执行官阿兰·西尔万说:"我们鼓励员工干副业。很多员工都有自己的副业,在我们公司人们可以公开地谈论这个话题。"例如,公司的会议桌就是从一名开家具厂的员工那里采购的。

IBM 现在为员工报销高达 20 000 美元的收养费用。此前,它仅为员工收养小孩提供 5 000 美元补贴。福利部副总裁芭芭拉·布里克迈尔说:"我们有一个大概的想法,就是做出一些让步,让员工享受更多福利。"她称员工曾提出此要求。

除提供每天 24 小时开放的健身房,并给予员工高达 650 美元的健身积分,个人理财软件巨头财捷集团还为加利福尼亚州圣迭戈园区骑车上下班的员工提供了 45 辆自行车。

> 根据盖洛普的调查,只有 41% 的员工认为他们知道自己的公司代表什么,以及是什么让自己公司的品牌区别于竞争品牌。
>
> ——《美国职场现状报告》

### 激发员工潜能的最佳途径

"丝路技术调查"发现了以下几种最能激发员工潜能的方法:

① 信任管理层。

② 职业发展。

③ 具有激励作用的工作环境。

④ 表彰和奖励。

⑤ 灵活的工作选择(比如在家工作)。

⑥ 学习机会。

⑦ 职业晋升。

⑧ 薪水。

⑨ 良好的福利(比如医疗、牙医服务)。

⑩ 导师指导。

⑪ 多样化的薪酬选择(比如工资)。

⑫ 丰厚的养老金以及退休计划。

位于得克萨斯州休斯敦市的房地产投资公司卡姆登财产信托有开放包容的传统,公司鼓励员工提出自己的看法。员工福利包括入住公司提供家具的度假公寓房(每晚只需付20美元),公司每年还为员工子女支付高达4 500美元的大学学费。

总部设在密歇根州特洛伊市的联合海岸金融服务公司为员工提供多种福利，包括在星巴克、美食自助餐厅和便利店用餐或购物。每周四下午3点，公司都会邀请数百名团队成员参加10~15分钟的舞会，每周的主题都不一样。

联合海岸金融服务公司是首批在公司里修建密室逃脱设施的公司之一。作为一种与抵押贷款相关的体验式学习方法，其玩法是：员工分成6~12人的小组，进入密室，共同解决各种挑战、谜团和难题，每个小组有45分钟的时间解决这些难题，从而顺利"逃脱"。

印孚瑟斯为员工提供了大量减轻工作压力的活动，包括瑜伽、游泳、健美操和自行车运动。该公司还举办摇滚演出、节日庆祝活动和各种文化活动，并提供时间管理和减压等方面的培训。

DPR建筑公司在其位于加利福尼亚州圣迭戈市的新总部使用巨大的数字仪表盘，持续跟踪能源使用情况。一项独立研究的结果显示：员工们对新设施的空气质量、热舒适性和个人

工作空间几乎 100% 满意。自搬迁到新总部以来，DPR 建筑公司的旷工率下降，员工忠诚度提高。

康明斯是一家生产柴油和替代燃料发动机的公司。该公司鼓励所有 2.7 万名员工在公司开展业务的地区从事社会服务工作。

波士顿咨询公司的管理顾问自愿将时间奉献给一系列慈善机构的志愿者活动，如联合国世界粮食计划署和救助儿童会的志愿者活动。海地地震发生后，该公司让顾问暂时搁置有偿的客户服务工作，以便他们能够将自己的专业知识应用于灾区救援。

## 案例研究：
## 组织文化胜过毫无差错的计算

在布鲁塞尔工作的管理顾问安东尼奥·罗德里格斯分享了一种经验：组织文化胜过所有理性的决策、过程或计算，至少在采取关键的整合步骤之前是这样：

在我担任比利时最大的银行富通集团收购后的整合业务主管期间，我见证了其中一桩最大的银行收购案的曲折过程。在这个过程中，我学到了将两种截然不同的项目管理方法合二为一的最佳途径。我还了解到，当公司进行大规模转型时，好人总是吃力不讨好。

尽管我坚信要尽力做到两全其美，但我意识到，如果想成功进行收购，就要快刀斩乱麻，强制推行你的公司文化，不需要没完没了地讨论。员工（尤其是那些被接管的员工）在短期内会不开心，但是如果能成功收购，你将来可以重塑公司的文化。在得到这个经验教训之前，我并没有这样一种不择手段也要"赶尽杀绝"的想法。

我当时在富通银行工作，是收购荷兰金融巨头荷兰银行的幕后策划成员之一。当时，我认为最佳的方式是评估每位成员的建议与意见，并根据员工的广泛沟通和集体讨论做出选择。然后，团队领导和执行管理层可以甄选出每家公司最好的技术，最终形成一个最佳的综合方案。

方案是呼吁全球的金融机构，包括苏格兰皇家银行、富通银行和西班牙桑坦德银行组成银行财团，共同收购荷兰银行，然后平分该公司的资产。大多数企业合并主要是出于财务目的，还有收入协同效应和降低成本的考虑。这种合并方案非常具体，可以向分析师和股东表明这是一个非常明智的决定。

就此次收购而言，情况就是这样——至少在纸面上看是如此。这对富通银行来说是一个重大的战略决策。荷兰银行虽然在全球都有业务，但业绩平平，而富通银行是一家不断寻求扩张的比利时银行，实力强大。但在企业文化上，这次兼并就是一场灾难。首先，比利时、西班牙和苏格兰的银行接管一家荷兰银行，这无疑是将多种不同文化强扭在一起。更糟糕的是，该财团作为一个团队运作得并不好。每家银行都只关心自己的一己私利，而不是整个财团更为广泛的共同利益，这就产生了很多矛盾。

作为富通银行尽职调查高级团队的一员，我花了9个月的时间，评估每一个可能受兼并影响的系统和项目。我们设计了项目组合方案，将1 000个项目分到130个项目组。这是一项艰巨的任务，参与人员多达6 000人。

我们分析了几个选择标准，包括功能、成本和未来系统维护的能力。我们的决策都是以事实为依据，不会感情用事。这似乎是一种公平而正确的收购方案，但收购过程却并不顺利，而是充满曲折。富通银行一方面愿意妥协，一方面又希望荷兰银行参与决策，但是这样做却埋下了冲突和拖延的隐患，人为设置了很多不必要的障碍。此外，富通银行的高管团队在荷兰缺乏强有力的领导，这也让项目难以推进，而组织文化非常强大的荷兰银行也以领导力缺乏为由阻止收购事宜，他们利用这种混乱处处阻挠我们行动部署。

与大多数企业兼并一样，最大的一组项目面临着映射和集成IT系统的难题。荷兰银行收到了数千份解决方案申请，但由于其团队拒绝共享关键信息，我们花了数千个小时才把最简单的项目做完，其中一个就是在企业资源规划系统之间建立联系。这一经历真是令人沮丧。合作难以实现，这使长达数年的兼并计划一拖再拖。很明显，兼并过程拖得越长，矛盾就越多。IT系统冲突问题好解决，但人的矛盾难平息。要解决人与人之间的矛盾，不能指望金钱或其他资源。人一旦受挫，项目的事情也就不了了之了。

收购以失败告终。荷兰银行被移交给荷兰政府，而富通银行濒临破产。

庆幸的是，比利时政府出手挽救了富通银行，并经过多次国家层面的讨论后，于去年将其出售给了法国巴黎银行。当初收购其他大银行的富通银行，如今却面临公司倒闭、被接管的命运，人们很难在心理上接受这一点。不过，回过头来看，关于此次收购出现的状况，我学到了很多惨痛但有价值的教训。如果我们换一种方式，也许就成功了。

从理论上来说，友好合并当然是很体面的，但也最难实现。如果我们换一种方式，将我们的企业文化强加给另一家公司，我们就会取得更大的成功。法国巴黎银行一方面将富通银行团队纳入其组织结构，另一方面将自己的员工放在关键岗位。虽然这两家银行在汇报和管理方面有类似的项目管理战略，但两者在沟通方面却存在分歧。

在富通银行，人们会进行更广泛的讨论，员工参与度也更高，此外还有更多的头脑风暴。相反，法国巴黎银行采取一种自上而下的管理方式，更加注重效率与结果。大多数合并后的IT整合项目只涉及一段时间内逐步淘汰富通银行系统，然后将客户的账户和数据转移到巴黎银行系统。

从结果来看，这样操作更容易、更高效。法国巴黎银行没有花几个月的时间来评估IT系统，也没有就技术和工具如何整合达成一致意见，而是几乎淘汰了富通银行所有的基础设施。这项艰巨的任务仅仅用了不到18个月就完成了。

当然，这是在效率就是一切的情况下唯一可能的选择。没有讨论，只有命令。这并不能激励富通银行的团队成员，他们每个人都有点儿生气，但这样做确实效率很高。这种效率让法国巴黎银行实现了合并目标,现在它可以将工作重心放在重振士气上了。为了安抚比利时员工、客户和比利时政府,该行已经做出了一些让步。几乎没有员工因为兼并而失业。法国巴黎银行在布鲁塞尔设置了4个全球竞争力中心,表明该行希望在比利时和全球范围内拥有更大的影响力。

这类情况很难处理,但有一个变更管理的过程。员工首先会拒绝,然后会问:"为什么是我们?我们已经完成任务了啊!"但最终你们会理解和接受所发生的事情。

根据我的经验,企业合并后会出现不同类型的群体,针对这些群体,需要做出不同努力以使他们接受现状并努力工作:

→ 作为被兼并的对象,员工通常不会进行强烈的反抗,而是很快就会接受新的现实。如果把他们推到第一线,他们往往还会成为杰出代表。

→ 那些受到正面影响的员工,也就是那些在新组织中担任领导职务或谋得更好岗位的员工,会保持积极的工作态度,但通常这类人很少。

→ 那些寻求改变并借兼并机会接受裁员等一系列补偿方案的员工,仍会继续工作,但人数也很少。

→ 那些受到负面影响的员工,即失去权力、在组织中失去地位的员工,通常在被接管组织的员工中占据大多数。他们遭受到了严重影响,需要付出大量的努力才能让他们重拾工作热情。我试过两种方法：要么投入巨资帮助他们完成过渡（通过库伯勒－罗斯变更管理曲线），要么什么也不做，期待他们（也就是强迫他们）接受新的现实。后一种方式可能暂时有用，但大多数员工永远不会像过去那样全身心投入工作（这是一种"我们的公司好得多"综合征）。因此，尽管需要付出更多努力和耐心，但从公司长远发展的角度来看，前一种方式——投资适当的变更管理是实现全面整合的最佳选择。

商业软件制造商思爱普公司最近一年推出了社交休假政策，以帮助企业家和小企业在新兴市场中获得竞争优势。他们还为员工提供在国际团队中工作的机会，并为他们提供成功所需的培训。为了帮助世界各地的贫困社区发展商业和修建基础设施，员工们可享受为期4周的带薪休假。

普华永道是一家价值360亿美元的专业服务公司，其员工有无数的成长机会、旅行机会和领导岗位体验机会。普华永道在过去一年中聘用了5 500多名应届大学毕业生，并启动了一项学生贷款首付福利计划，每位员工每年最高可获得1 200美元。

诺华制药公司的专业销售人员非常关注薪酬以及公司对社区

承诺的履行程度。诺华研发免费药物，提供给那些买不起药的民众，因此深得民心。公司对社区所做的贡献也会定期向员工通报，以强化"言出必行"的公司理念。

9年来，金宝汤公司极大地激发了员工潜能。一开始，62%的员工懒懒散散，对工作提不起兴趣。首席执行官道格拉斯·柯南特主张进行多项变革，以激发公司员工的潜能。他拆除了公司总部周围的铁丝网围栏；发起了沟通研讨会，以帮助经理改善与直接下属的关系；让员工给他们的经理打分，表现不好的经理会被他人取代；他还给业绩突出的员工写感谢信。一段时间过后，68%的员工明显对工作更加热情，公司收益也以每年4%的速度增长。

美捷步的目标是在工作中创造乐趣和古怪。在一年一度的秃头与蓝发日，员工以剃光头或染蓝发的形式为慈善机构筹款。

管理文件显示，印度酒店有限公司旗下的泰姬酒店从小城镇聘请一线员工作为储备力量，他们认为："来自这些地区的人重视传统价值观，如尊老、诚实、忠诚和同情。"他们直接到高中进行招聘，对应聘人员进行测试，判断他们是否具有正直、诚实和言行一致的品质，以及是否具有抗压能力和超越工作职责的能力。

阿里巴巴创始人兼首席执行官马云热爱中国武术，武术在其公司文化中随处可见。该公司的价值观被概括为六脉神剑。每一脉都代表了公司的一种价值观，这六脉分别是：客户第一、团队合作、拥抱变化、诚信、激情、敬业。在对员工进行绩效考核评级时，很重要的一点是：员工是否很好地实践了公司的价值观。员工会给自己选一个昵称，这个昵称只在进行会议、发送电子邮件或进行绩效考核时使用。全球化事业部副总裁黄明威说："我们使用昵称和更广泛的武术主题来激励员工，让他们把自己看作是为事业而战的局外人。"

分析公司 Hotjar 的 50 名员工在 16 个国家进行远程工作。公司一年组织两次工作之余的团建活动，公司会为员工提供 4 000 欧元用于设立家庭办公室，此外还有免费的 Fitbit 可穿戴设备以及 2 000 欧元的度假预算。

英国布里斯托尔市的教育招聘公司 SmithCorp 一直将激励措施与员工绩效挂钩。该公司的 140 名员工竞相争取每年的免费假期。如果他们取得了突出的业绩，还有资格吃免费的午餐，甚至得到劳力士手表。新增的"中心"每天为员工提供免费早餐。首席开发官詹姆斯·霍德金森说:"我们的企业正不断发展壮大。三四十年前,雇主还不会做诸如此类的事情,但我认为潜在的员工会期望雇主做得更多。"

为了让新员工适应新环境,苏格兰手工精酿啤酒公司"酿酒狗"会给员工一周的带薪假期。

总部位于英国伦敦市的互联网和房地产公司 ZPG 为员工的婚礼和房屋装修提供无息贷款。

> 员工之所以来上班,是因为工作可以给他们带来自豪感、认同感和成就感。工作投入并因此得到认可的员工,会不惜一切代价将工作做完。
>
> ——托马斯·凯利,
> 人力资源管理学会前董事会主席

# 本书提及的公司

**3Com**
加利福尼亚州圣克拉拉，数码电子产品制造

**3M**
明尼苏达州圣保罗，矿业和制造业

**Acceleration Partners**
马萨诸塞州波士顿，营销服务

**Accellent**
马萨诸塞州威尔明顿，医疗器械供应

**埃森哲（Accenture）**
爱尔兰都柏林，全球咨询及专业服务

**Achievers**
加拿大多伦多，员工激励

**奥多比（Adobe）**
加利福尼亚州圣何塞，计算机软件

**AdminiSMART**
新泽西州伊顿敦，国家人力资源顾问和供应商信息中心

**Advanced Patient Advocacy**
弗吉尼亚州里士满，医疗保健服务

**安泰保险（Aetna）**
康涅狄格州哈特福德，保险服务

**美国家庭人寿保险公司（AFLAC）**
佐治亚州哥伦布，保险

**爱彼迎（Airbnb）**
加利福尼亚州旧金山，在

线市场和酒店服务

阿拉斯加航空公司
（Alaska Airlines）

华盛顿州西雅图，航空公司

阿里巴巴（Alibaba）

中国浙江，电子商务

阿莱恩斯铸造公司
（Alliance Castings）

俄亥俄州阿莱恩斯，生产和精加工铸钢件

爱尔兰联合银行
（Allied Irish Bank）

爱尔兰都柏林，商业银行

美国运通公司
（American Express）

纽约州纽约市，金融服务

AMN 医疗保健服务公司
（AMN Healthcare）

加利福尼亚州圣迭戈，医疗保健服务

动物与人类关系研究中心（Center of the Animal-Human Bond）

华盛顿特区，人与动物关系研究

Another Broken Egg

佛罗里达州彭萨科拉，咖啡连锁店

阿格斯管理公司（Argus Management Corporation）

加利福尼亚州长滩，物业管理

阿伦森会计师事务所
（Aronson）

马里兰州洛克维尔，会计师事务所

美国电话电报公司（AT&T）

得克萨斯州达拉斯，电信巨头

阿特拉斯（Atlassian）

澳大利亚悉尼，软件开发

Atmosphere Processing Inc.

荷兰 / 美国密歇根州，服务

汽车地带（AutoZone）

田纳西州孟菲斯，汽车零配件零售

艾凡达（Aveda）

明尼苏达州布莱恩，化妆品

**Avinity Rewards**

英国东南部白金汉郡，激励

**Award & Sign**

科罗拉多州格林伍德村，牌匾、奖状和奖杯定制

安讯士（Axis Communication Inc.）

瑞典隆德，安防系统供应

百安居（B & Q）

英国伊斯特利，家居建材零售

贝恩公司（Bain & Company）

马萨诸塞州波士顿，管理咨询

**Balancing Professionals**

北卡罗来纳州卡里，人力资源

巴斯克维尔 - 多诺万（Baskerville-Donovan）

佛罗里达州彭萨科拉，工程

BaubleBar

纽约州纽约市，珠宝零售

百特国际（Baxter International）

伊利诺伊州迪尔菲尔德，医疗保健服务

**旧金山湾区捷运系统（Bay Area Rapid Transit）**

加利福尼亚州圣奥克兰，公共交通

**贝勒·斯科特和怀特健康中心（Baylor Scott & White Health）**

得克萨斯州坦普尔，医疗保健系统

**比弗布鲁克珠宝有限公司（Beaverbrooks the Jewellers Ltd.）**

英国莱瑟姆 - 圣安妮，精品珠宝

**Belatrix**

拉丁美洲，软件开发服务

**基准社区银行（Benchmark Community Bank）**

弗吉尼亚州肯布里奇，金融服务

**贝瑞希尔·巴哈烧烤（Berryhill Baja Grill）**

得克萨斯州休斯敦，墨西哥连锁餐厅

**贝丽尔公司（Beryl Corporation）**

得克萨斯州达拉斯，医疗保健

**百思买（Best Buy）**

明尼苏达州里奇菲尔德，消费电子产品零售商

**Betabrand**

加利福尼亚州旧金山，服装零售商

**贝丝以色列女执事医学中心（Beth Israel Deaconess Medical Center）**

马萨诸塞州波士顿，医疗保健

**博莱克·威奇（Black & Veatch）**

堪萨斯州欧弗兰帕克，工程和建筑

**布鲁明戴尔百货店（Bloomingdale's）**

纽约州纽约市，百货连锁店

**波音公司（Boeing Company）**

伊利诺伊州芝加哥，航空航天

**伯勒斯医疗咨询网有限公司（Burroughs Healthcare Consulting Network Inc.）**

新罕布什尔州格伦，医疗保健咨询

**波士顿咨询公司（Boston Consulting Group）**

马萨诸塞州波士顿，咨询

**蜡笔盒公司**

加拿大多伦多，专业培训服务

**布伦·安妮公共关系和市场营销公司（Bren Anne Public Relations & Marketing）**

加拿大安大略省，公共关系和营销服务

**BridgeWorks**

明尼苏达州韦扎塔，咨询服务

**英国电信（British Telecom）**

英国伦敦，电信

**白金汉杜利特尔和巴勒斯律师事务所（Buckingham Doolittle & Burroughs LLP.）**

俄亥俄州阿克伦，法律服务

**Buffer**

加利福尼亚州旧金山，社交媒体管理平台

**伯查姆山退休社区（Burcham Hills Retirement Community）**

密歇根州东兰辛，长期护理和临终关怀

**伯内特联合公司（Burnett Companies Consolidated）**

得克萨斯州休斯敦，人事咨询

**商业环境有限公司（Business Environment Ltd.）**

英国伦敦，商业服务

**加利福尼亚社区学院校长办公室（California Community Colleges Chancellor's Office）**

加利福尼亚州萨克拉门托，教育服务

**卡姆登财产信托（Camden Property Trust）**

得克萨斯州休斯敦，房地产投资

**金宝汤公司（Campbell Soup）**

新泽西州卡姆登，罐装汤

及相关产品

**car2go**

德国斯图加特，汽车租赁

**嘉吉公司（Cargill Inc.）**

明尼苏达州韦扎塔，食品、农业、金融和工业产品

**卡斯珀（Casper）**

纽约州纽约市，床垫品牌

**Champion Solutions Group**

佛罗里达州博卡拉顿，广告代理

**Chegg**

加利福尼亚州圣克拉拉，在线教科书租赁

**雪佛龙（Chevron）**

加利福尼亚州圣拉蒙，跨国能源公司

**福乐鸡（Chick-fil-A）**

佐治亚州亚特兰大，快餐连锁店

**儿童之家协会（Children's Home Society）**

伊利诺伊州芝加哥，社会福利服务

**克莱斯勒（Chrysler）**

密歇根州奥本山，汽车制造

**Cidera Therapeutics**

加利福尼亚州圣迭戈，制药

**信诺集团**

康涅狄格州哈特福德，保险

**Circle**

得克萨斯州狭地，医疗保健服务

**思科系统公司（Cisco Systems）**

加利福尼亚州圣何塞，计算机网络硬件

**达拉斯市**

得克萨斯州达拉斯，市政府

**花旗集团（Citigroup Inc.）**

纽约州纽约市，投资银行和金融服务

285

可口可乐装瓶公司（Coca-Cola Bottling Company）

北卡罗来纳州夏洛特，装瓶和分销

科卡洛公司（CoCaLo Inc.）

加利福尼亚州科斯塔梅萨，婴儿床上用品及配件

**Coinbase**

加利福尼亚州旧金山，数字硬币兑换

科林服务系统（Colin Service Systems）

弗吉尼亚州斯普林菲尔德，教师服务

哥伦布博览会汽车拍卖行（Columbus Fair Auto Auction）

俄亥俄州哥伦布，汽车经销

大陆航空公司（Continental Airlines）

得克萨斯州休斯敦，航空公司

**Convercent**

科罗拉多州丹佛，合规软件

康胜啤酒酿造公司（Coors）

科罗拉多州戈尔登，啤酒酿造

核心创意（Core Creative）

威斯康星州密尔沃基，提供全方位的广告服务和品牌推广

开市客（Costco）

华盛顿州伊瑟阔，会员制仓储量贩店

**Covario Inc.**

加利福尼亚州圣迭戈，互动营销分析软件签署人

CRC 健康集团（CRC Health Group）

加利福尼亚州库比蒂诺，药物成瘾治疗中心

信用卡玛（Credit Karma）

加利福尼亚州旧金山，个人理财

**Crescendo Strategies**

印第安纳州杰斐逊维尔，管理咨询

**CRST 国际货运公司（CRST International Trucking）**

北卡罗来纳州沃伦顿，货运

**康明斯（Cummins）**

印第安纳州哥伦布，发动机设计、制造和经销

**信合保险公司（CUNA Mutual Group）**

威斯康星州麦迪逊，保险

**高纬环球**

**（Cushman & Wakefield）**

葡萄牙分公司（总部位于美国纽约），全球房地产公司

**高纬环球**

葡萄牙/西班牙，全球房地产公司

**CustomInk**

弗吉尼亚州费尔法克斯，在线零售

**D&D 室内装饰（D&D Interior & Fashion House）**

北卡罗来纳州夏洛特，室内设计

**达维塔（Da Vita）**

加利福尼亚州塞贡多，透析服务

**DAG 建筑师事务所（DAG Architects）**

佛罗里达州彭萨科拉，建筑

**第一三共株式会社（Daiichi-Sankyo）**

日本东京，制药公司

**德纳公司（Dana Corporation）**

俄亥俄州托莱多，汽车零部件

**戴维·科瓦科维奇（David Kovacovich）**

加利福尼亚州旧金山，激发员工潜能

大卫·克拉特巴克合股公司（David Clutterbuck Partnership）

英国英格兰梅登黑德，通信

德勤（Deloitte）

纽约州纽约市，跨国专业服务网络

杜瓦信息系统公司（Dewar Informational Systems Corporation）

伊利诺伊州韦斯特蒙特，信息

Dialpad

加利福尼亚州旧金山，云通信

发现金融服务公司（Discover Financial Services Inc.）

伊利诺伊州里弗伍兹，金融服务

探索传播（Discovery Communications）

马里兰州银泉，媒体和娱乐

迪克森·施瓦布（Dixon Schwabl）

纽约州维克托，营销和广告

Dom & Tom

纽约州纽约市，产品开发

多米尼公司（Domini & Company）

纽约州纽约市，投资

Dotson 铸铁公司（Dotson Iron Castings）

明尼苏达州曼凯托，铸造

DPR 建筑公司（DPR Construction）

加利福尼亚州圣迭戈，建筑业

梦工厂动画公司（Dreamworks Animation Company）

加利福尼亚州格伦代尔，动画工作室

荷兰皇家帝斯曼集团（DSM）

荷兰海尔伦，健康、营养

和相关材料

**杜克能源公司（Duke Energy）**

北卡罗来纳州夏洛特市，能源

**杜邦公司（DuPont Company）**

特拉华州威尔明顿，工业生物技术

**德怀尔工程（Dwyer Engineering）**

弗吉尼亚州利斯堡，工程和建筑

**戴森（Dyson）**

英国英格兰威尔特郡，家用电器设计制造

**杜邦公司（E.I. du Pont de Nemours & Company）**

西弗吉尼亚州贝尔，化学品制造

**东波士顿储蓄银行（East Boston Savings Bank）**

马萨诸塞州皮博迪，银行

**爱德华·琼斯公司（Edward Jones）**

密苏里州圣路易斯，金融咨询

**礼来公司（Eli Lilly & Company）**

印第安纳州印第安纳波利斯，制药

**员工敬业集团（Employee Engagement Group）**

马萨诸塞州沃本

**安特吉（Entergy）**

路易斯安那州新奥尔良，能源电力

**爱普生（Epson）**

日本长野，电子产品

**安永会计师事务所（EY，原名 Ernst & Young）**

纽约州纽约市，跨国专业服务

**安社国际环保顾问公司（ENSR International Corporation）**

马萨诸塞州切姆斯福德，

环境顾问

**EXL Service**

纽约州纽约市，运营管理和分析

**Expand Executive Search**

纽约州纽约市，猎头

**脸书（Facebook）**

加利福尼亚州门洛帕克，社交网络平台

**费尔蒙酒店及度假村（Fairmont Hotels & Resorts）**

加拿大安大略省，豪华度假村连锁

**农场局金融服务公司(Farm Bureau Financial Services)**

艾奥瓦州得梅因，人寿保险和财务援助

**联邦快递（FedEx）**

田纳西州孟菲斯，快递服务

**法拉利公司（Ferrari S.p.A**

意大利马拉内罗，汽车制造商

**五三银行（Fifth Third Bank）**

俄亥俄州辛辛那提，银行

**第一切斯特县公司（First Chester County Corporation）**

宾夕法尼亚州西切斯特，零售和商业银行服务

**第一国民银行（First National Bank）**

宾夕法尼亚州西切斯特，金融服务

**FKP 建筑师事务所（FKP Architects）**

得克萨斯州休斯敦，建筑

**福莱国际传播咨询公司（Fleishman-Hillard）**

密苏里州圣路易斯，公关

**英国飞行中心（Flight Centre UK）**

英国莫尔登，旅行社

福特汽车公司

（Ford Motor Company）

密歇根州迪尔伯恩，汽车制造和经销

富利斯手表（Fortis）

瑞士格伦兴，手表制造

Full Beaker Inc.

华盛顿州贝尔维尤，搜索引擎优化软件服务

Full Contact

科罗拉多州丹佛，软件

FuzePlay

犹他州盐湖城，可拆装玩具设计制造

盖洛普公司

（Gallup Organization）

伊利诺伊州芝加哥，市场调研

Gateway Health

宾夕法尼亚州匹兹堡，健康计划管理

通用家电（GE Appliances）

肯塔基州路易斯维尔，家电制造

基因泰克（Genentech）

加利福尼亚州旧金山，生物技术

通用电气公司

（General Electric Corporation）

康涅狄格州费尔菲尔德，电气设备

通用电气（General Electric）

马萨诸塞州波士顿，企业集团

通用磨坊（General Mills）

明尼苏达州明尼阿波利斯，食品生产

通用汽车公司

（General Motors）

密歇根州底特律，汽车制造

晋思建筑事务所（Gensler）

加利福尼亚州旧金山，设计和建筑

**乔治敦大学医院（Georgetown University Hospitals）**

华盛顿特区，医疗保健

**佐丹奴国际有限公司（Giordano International）**

中国香港，服装零售

**Glossier**

纽约州纽约市，皮肤护理

**谷歌（Google）**

加利福尼亚州山景城，科技公司

**大丰收面包店（Great Harvest Bread Company）**

加利福尼亚州特曼库拉，烘焙食品特许经销

**Growth Works**

加拿大不列颠哥伦比亚省温哥华，早期技术开发

**古驰（Gucci）**

意大利米兰，世界级奢侈品

**哈达迪公司（Hadady Corporation）**

印第安纳州戴尔，精密制造和经销

**哈蒙国际工业公司（Harmon International Industries Inc.）**

康涅狄格州斯坦福德，为全球企业设计相关产品

**哈特福德医疗保健服务公司（Hartford Healthcare）**

康涅狄格州哈特福德，医疗保健服务

**哈佛商业出版社（Harvard Business Publishing）**

马萨诸塞州波士顿，商业刊物出版

**哈佛先锋医疗协会（Harvard Vanguard Medical Associates）**

马萨诸塞州波士顿，医疗实践

**豪斯曼－约翰逊保险公司（Hausmann-Johnson Insurance）**

威斯康星州麦迪逊，保险

健康智商（Health IQ）

加利福尼亚州山景城，人寿保险创业

**Hearthstone**

华盛顿州西雅图，养老院

亨利福特医疗集团（Henry Ford Health System）

密歇根州底特律，医疗保健服务

赫伯特建筑公司（Herbert Construction Company）

佐治亚州亚特兰大都会区，建筑服务

赫尔曼·米勒公司（Herman Miller）

密歇根州齐兰，办公家具制造

惠　普（Hewlett Packard Enterprise）

加利福尼亚州帕罗奥多，计算机 / 电子产品制造和经销

**Highmark**

特拉华州威尔明顿，健康保险

希尔克普能源公司（Hilcorp Energy）

新墨西哥州法明顿，能源供应

**Hireology**

伊利诺伊州芝加哥，招聘和人才管理软件平台

家庭州立银行（Home State Bank）

科罗拉多州拉夫兰，金融服务

霍尼韦尔（Honeywell）

新泽西州莫里斯普莱恩斯，商业产品和消费产品

**Hotjar**

马耳他，分析

**Hubspot**

马萨诸塞州波士顿，软件

产品开发和营销

**凯悦酒店（Hyatt）**

伊利诺伊州芝加哥，酒店运营

**IBM**

纽约州阿蒙克，技术和咨询公司

**Infinite Electronics Inc.**

得克萨斯州路易斯维尔，电子和技术支持

**印孚瑟斯（Infosys）**

印度卡纳塔克邦班加罗尔，信息技术咨询

**In-N-Out 汉堡**

加利福尼亚州欧文，快餐连锁

**Instacart**

加利福尼亚州旧金山，当日达杂货配送

**英特尔公司（Intel Corporation）**

加利福尼亚州圣克拉拉，半导体制造

**财捷集团（Intuit）**

加利福尼亚州山景城，商业和税务软件

**投资百科（Investopedia）**

纽约州纽约市，金融信息和教育资源

**艾奥瓦专科医院（Iowa Specialty Hospital）**

艾奥瓦州贝尔蒙德，医疗保健服务

**ITA 集团（ITA Group）**

艾奥瓦州西得梅因，激励公司

**杰克逊咨询集团（Jackson Consulting Group）**

得克萨斯州斯普林，管理培训和咨询

**捷豹路虎北美有限责任公司（Jaguar Land Rover, North America LLC.）**

新泽西州莫沃，汽车制造

**杰西潘尼（JCPenney）**

得克萨斯州普莱诺，百货商店

**Job Hunter Pro**

加利福尼亚州圣迭戈，人员配备服务

**强生公司（Johnson & Johnson）**

新泽西州新不伦瑞克，医疗产品和药品制造商

**约翰逊县政府（Johnson County Government）**

堪萨斯州奥拉西，地方政府

**瞻博网络（Juniper Networks）**

伊利诺伊州弗农希尔斯，高速路由器制造商

**肯塔基房地产公司（Kentucky Housing Corporation）**

肯塔基州法兰克福，房屋中介机构

**基尔集团（Kier Group PLC）**

英国英格兰桑迪，建筑开发服务

**约翰逊维尔食品公司（Johnsonville Foods）**

威斯康星州希博伊根县

**金普顿酒店**

加利福尼亚州旧金山，酒店管理

**K-Tel 国际**

明尼苏达州明尼阿波利斯，消费品营销

**泛林研发（Lam Research）**

加利福尼亚州弗里蒙特，电信

**天涯海角（Land's End）**

威斯康星州道奇维尔，美国生活方式品牌

**劳伦斯·利弗莫尔实验室（Lawrence Livermore Labs）**

加利福尼亚州利弗莫尔，技术研究中心

**拉扎德投资银行**

**（Lazard Freres & Company）**

百慕大汉密尔顿城，金融咨询和资产管理

**Legacy Multimedia**

得克萨斯州休斯敦，提供个人历史和视频传记

**Legal Monkeys**

得克萨斯州布赖恩，法律记录管理

**乐高（LEGO）**

丹麦比隆，塑料拼装玩具制造商

**伦茨娱乐集团**

**（Lenz Entertainment Group）**

佛罗里达州奥兰多，营销和广告

**德理（Leo A. Daly）**

得克萨斯州达拉斯，建筑公司

**Let's Play Sports Inc.**

加利福尼亚州圣迭戈，室内足球中心

**Level 3 通信公司**

**（Level 3 Communications）**

科罗拉多州布鲁姆菲尔德，电信和互联网服务

**李维斯**

**（Levi Strauss & Company）**

加利福尼亚州旧金山，服装制造商

**领英（LinkedIn）**

加利福尼亚州圣莫尼卡，商业相关的社交网络

**LiveOps Inc.**

亚利桑那州斯科茨代尔，云呼叫中心公司

**洛克希德·马丁公司**

**（Lockheed Martin）**

马里兰州贝塞斯达，航空航天

**洛斯酒店（Loews Hotels）**

纽约州纽约市，连锁酒店

和度假村

**Lola**

马萨诸塞州波士顿，旅游

**伦巴第比萨（Lombardi's）**

华盛顿州西雅图，意大利连锁餐厅

**马士基（Maersk）**

丹麦哥本哈根，航运

**邮件猩猩（MailChimp）**

佐治亚州亚特兰大，电子邮件营销

**莫尔登纺织厂（Malden Mills）**

马萨诸塞州洛厄尔，保罗塔克摇粒绒和其他现代纺织品制造

**马里茨激励公司（Maritz Motivation Company）**

密苏里州芬顿，员工激励公司

**玛莎百货（Marks & Spencer）**

英国伦敦威斯敏斯特，零售

**万豪酒店（Marriott）**

马里兰州贝塞斯达，酒店管理

**玛氏公司（Mars Inc.）**

弗吉尼亚州麦克莱恩，全球食品生产

**威达信集团（Marsh & McLennan）**

纽约州纽约市，专业服务

**玫琳凯公司（Mary Kay Inc.）**

得克萨斯州艾迪森，化妆品经销

**美泰（Mattel）**

加利福尼亚州埃尔塞贡多，玩具制造

**麦当劳（McDonald's）**

伊利诺伊州奥克布鲁克，快餐连锁店

**麦克森（McKesson）**

伊利诺伊州卡罗尔斯特里

姆，医药、保健技术和医疗用品

**MediaAlpha**

俄勒冈州波特兰，软件制造

**Melcrum Publishing**

伊利诺伊州芝加哥，调查公司

**梅隆财团**

**（Mellon Bank Corporation）**

宾夕法尼亚州匹兹堡，多银行持股公司

**默克公司（Merck & Co. Inc.）**

新泽西州怀特豪斯站，制药

**美林房地产公司（Merrill Lynch Realty）**

明尼苏达州明尼阿波利斯，房地产

**金属蟾蜍（Metal Toad）**

俄勒冈州波特兰，软件工程

**大都会人寿保险公司**

**（Metlife Auto & Home）**

罗得岛州沃里克，人寿保险、汽车保险和家庭保险

**美高梅大酒店（MGM Grand）**

内华达州拉斯韦加斯，酒店和赌场

**微软印度公司**

**（Microsoft India）**

印度海得拉巴，软件制造（微软子公司）

**中西部地区零售服务**

**（Midwest Retail Services）**

俄亥俄州哥伦布，B2B服务商/货架陈列零售

**Milk Stork**

加利福尼亚州旧金山，母乳快递服务

**明特医师人力资本公司**

**（Mint Physician Staffing）**

得克萨斯州休斯敦，医护人员配备服务

**Monarch Marking Systems**

俄亥俄州迈阿密斯堡，自

动识别产品制造

**晨星番茄加工公司（Morning Star）**

加利福尼亚州伍德兰，番茄加工厂

**Motivational Systems**

加利福尼亚州纳雄耐尔城，平面设计

**彩衣傻瓜（Motley Fool）**

弗吉尼亚州亚历山大，金融服务

**MschneiderONE**

加拿大温哥华，商务指导和咨询服务

**互助人寿保险公司(Mutual Life Insurance Company）**

北卡罗来纳州罗利，保险服务

**My Virtual HR Director**

新泽西州帕林，咨询

**纳山集团（Nasan Group）**

韩国首尔，面料制造

**美国国家地理学会（National Geographic Society）**

华盛顿特区，媒体

**大自然化妆用品公司（Natura Cosméticos）**

巴西圣保罗，美容产品制造

**海军联邦信用社（Navy Federal Credit Union）**

弗吉尼亚州维也纳，金融服务

**奈飞公司（Netflix）**

加利福尼亚州斯科茨谷，在线媒体发行、影视制作

**NeuVanta 有限责任公司（NeuVanta LLC.）**

俄亥俄州哥伦布，为帕金森病患者提供服务

**耐克（Nike）**

俄勒冈州比弗顿，运动服装制造

诺基亚公司（Nokia Corporation）

芬兰埃斯波，技术和消费电子产品

Norse

加利福尼亚州圣马特奥，软件设施管理

北岸－长岛犹太医疗保健系统（North Shore-Long Island Jewish Healthcare System）

纽约州大颈岛，医疗保健服务

亚拉巴马州东北部地区医疗中心（Northeast Alabama Regional Medical Center）

亚拉巴马州杰克逊维尔，医疗保健服务

诺斯洛普·格鲁门公司（Northrop Grumman）

加利福尼亚州洛杉矶，国防承包商

诺华（Novartis）

瑞士巴塞尔，制药公司

纽柯钢铁公司（Nucor Corporation）

北卡罗来纳州夏洛特，钢铁制造

英伟达（NVIDIA）

加利福尼亚州圣克拉拉，科技

奥凯多（Ocado）

英国哈特菲尔德，食品、杂货线上零售

欧迪特公司（ODT Inc.）

堪萨斯州欧弗兰帕克，数字文献保存

OpenTable

加利福尼亚州旧金山，在线餐厅/预订服务

奥本海默公司（Oppenheimer & Company）

纽约州纽约市，财富管理

和投资银行

**欧文斯医疗保健服务公司**（Owens Healthcare）

加利福尼亚州雷丁，医疗保健服务

**太平洋天然气与电力公司**（Pacific Gas & Electric）

加利福尼亚州特罗纳，公用事业

**熊猫快餐**（Panda Express）

加利福尼亚州罗斯米德，中式快餐连锁餐厅

**潘多拉媒体公司**（Pandora Media）

加利福尼亚州奥克兰，在线音乐发行

**帕克里奇医院**（Park Ridge Hospital）

北卡罗来纳州亨德森维尔，医疗保健服务

**Parker LePla**

华盛顿州西雅图，营销和品牌推广

**巴塔哥尼亚公司**（Patagonia Inc.）

加利福尼亚州文图拉，户外服装制造

**百事公司**（PepsiCo.）

纽约州帕切斯，食品和饮料经销

**飞利浦电子**（Phillips Electronics）

荷兰阿姆斯特丹，科技

**飞利浦北美有限责任公司**（Phillips North America LLC.）

马萨诸塞州安多弗，产品设计和制造

**Pinnacle PNG**

英国伦敦霍尔本，房屋及设施管理

**Piscines Ideales**

希腊佩夫基，游泳池设计、

301

建造和维护

**匹兹堡州立大学（Pittsburg State University）**

堪萨斯州匹兹堡，教育服务

**必胜客（Pizza Hut）**

得克萨斯州普莱诺，连锁餐厅

**Pool Covers Inc.**

加利福尼亚州里士满，泳池盖制造

**PowerDMS**

佛罗里达州奥兰多，组织成长培训

**优质营养公司（Premier Nutrition Corporation）**

加利福尼亚州埃默里维尔，营养食品补充剂

**Prezi**

加利福尼亚州旧金山，演示软件

**Priceless Professional Development**

佐治亚州玛丽埃塔，服务管理

**普华永道会计师事务所（PricewaterhouseCoopers LLP.）**

纽约州纽约市，审计、税务和咨询服务

**宝洁公司（Procter & Gamblee）**

俄亥俄州辛辛那提，生活消费品

**Quad/Graphics 印刷公司（Quad/Graphics Inc.）**

威斯康星州萨塞克斯，印刷

**Quicken Loans**

密歇根州底特律，抵押贷款

**Razorfish**

纽约州纽约市，广告代理

**RB**

冰岛，金融和IT服务

红罗宾（Red Robin）

科罗拉多州格林伍德村，休闲餐饮连锁店

红毯学习系统（Red-Carpet Learning Systems）

北卡罗来纳州阿什维尔，客户服务培训

参考国际软件（Reference International Software）

加利福尼亚州旧金山，软件

REI

华盛顿州肯特，零售和户外休闲用品

餐饮设备世界（Restaurant Equipment World）

佛罗里达州奥兰多，在线餐厅供应

ReviewWorks

密歇根州法明顿希尔斯，残疾管理服务

RevZilla

宾夕法尼亚州费城，在线摩托车装备

雷特·鲍尔（Rhett Power）

弗吉尼亚州阿灵顿，高管培训师

RIVA Solutions Inc.

弗吉尼亚州费尔法克斯，信息技术和管理咨询

罗克韦尔柯林斯公司（Rockwell Collins）

艾奥瓦州锡达拉皮兹，航空和国防

圆桌会议（Round Table）

佛罗里达州杰克逊维尔，讲故事

罗威家具（Rowe Furniture）

弗吉尼亚州埃利斯顿，家具制造

皇家维多利亚医院（Royal Victoria Hospital）

加拿大安大略省，医疗中心

**世博控股公司（Sabre Holding Corporation）**

得克萨斯州南湖市，旅游

**Salesforce**

加利福尼亚州旧金山，云计算

**思爱普（SAP）**

德国沃尔多夫，提供软件解决方案

**赛仕软件（SAS Institute）**

北卡罗来纳州卡里，软件制造

**沙特电信（Saudi Telecom）**

沙特阿拉伯利雅得，电信

**斯伦贝谢（Schlumberger）**

得克萨斯州休斯敦，油田技术服务

**Schoenen Torfs**

比利时圣尼克拉斯，鞋类零售

**Screwfix**

英国约维尔，家居建材零售

**斯克里普斯医疗集团（Scripps Health）**

加利福尼亚州圣迭戈，医疗保健服务

**Self Regional Healthcare**

南卡罗来纳州格林伍德，医疗保健服务

**SEO**

特拉华州刘易斯，网络营销

**信佳集团（Serco）**

英国库克镇，服务

**SHI 国际（SHI International）**

新泽西州萨默塞特，信息技术产品和服务经销商以及中间商

**西门子（Siemens）**

德国柏林，工程电子集团

**六旗游乐园（Six Flags）**

纽约州伊斯特切斯特，游乐园

**斯酷凯蒂（Skullcandy，又译骷髅头）**

犹他州帕克城，音响产品

**Slack Technologies**

加拿大温哥华，软件

**Slice**

纽约州纽约市，比萨订购平台

**Small Girls PR**

纽约州纽约市，公关

**史密斯&霍肯园艺工具公司（Smith & Hawken）**

加利福尼亚州诺瓦托，花园生活方式品牌

**SmithCorp.**

英国英格兰布里斯托尔，教育招聘

**索迪斯集团（Sodexo）**

法国巴黎，餐饮服务和设施管理

**固体废料与回收利用部门**

明尼苏达州明尼阿波利斯，废料处理和回收设施

**西南航空（Southwest Airlines）**

得克萨斯州达拉斯，航空公司

**西南人力资本有限责任公司（Southwest Human Capital LLC.）**

新墨西哥州阿尔伯克基，人力资源和人力资本培训和咨询

**太空探索技术公司（SpaceX）**

加利福尼亚州霍桑，航空航天制造商和空间运输服务

**广场空间（SquareSpace）**

纽约州纽约市，网站开发平台

**SRC**

加利福尼亚州圣迭戈，非营利性研发

**圣露西港医疗中心（St. Lucie Medical Center）**

佛罗里达州圣露西港，医疗中心

**圣卢克医院（St. Luke's Hospital）**

密苏里州切斯特菲尔德，

医疗中心

**史泰博（Staples）**

马萨诸塞州弗雷明汉，办公用品

**星巴克咖啡公司（Starbucks Coffee Company）**

华盛顿州西雅图，咖啡公司和咖啡连锁店

**Steely Group**

伊利诺伊州奥克布鲁克，人力资源

**喜健步童鞋公司（Stride Rite Corporation）**

马萨诸塞州莱克星顿，童鞋生产和销售

**太阳微系统公司（Sun Microsystems）**

加利福尼亚州圣克拉拉，计算机硬件和软件

**Sylvain Labs**

纽约州纽约市，品牌设计咨询公司

**赛门铁克公司（Symantec Corporation）**

加利福尼亚州库比蒂诺，软件安全

**泰姬酒店（Taj Hotels）**

印度孟买，连锁酒店和度假村

**塔吉特（Target）**

明尼苏达州明尼阿波利斯，折扣零售

**塔塔咨询服务公司（Tata Consultancy Services）**

印度马哈拉施特拉邦，信息技术服务

**Teamvibe**

加利福尼亚州圣迭戈，软件创业

**Techmetals**

俄亥俄州代顿，金属电镀

**天纳克（Tenneco）**

伊利诺伊州森林湖，汽车

零部件制造

**特斯拉（Tesla）**

加利福尼亚州帕罗奥多，汽车、储能和太阳能

**贝瑞公司**

**（The Berry Company）**

俄亥俄州代顿，黄页制作

**美体小铺（The Body Shop）**

威斯康星州萨塞克斯，化妆品和皮肤护理

**货柜商店**

**（The Container Store）**

得克萨斯州科佩尔，存储和组织零售

**The Granite Group**

新罕布什尔州康科德，管道、供暖、制冷和供水设备

**家得宝（The Home Depot）**

佐治亚州亚特兰大，家居建材连锁店

**隆加伯格公司**

**（The Longaberger Company）**

俄亥俄州德累斯顿，手工枫木篮制造和经销

**梅斯康集团**

**（The Mescon Group）**

佐治亚州亚特兰大，管理咨询服务

**腓尼基度假酒店**

**（The Phoenician）**

亚利桑那州斯科茨代尔，高端度假村

**The Related Group**

佛罗里达州迈阿密，建筑公司

**维珍集团（The Virgin Group）**

英国伦敦，跨国风险投资集团

**蒂森克虏伯股份公司**

**（ThyssenKrupp AG）**

德国杜塞尔多夫，工业和钢铁生产

丰田汽车（Toyota）

日本爱知县，汽车制造

特灵公司（Trane Inc.）

新泽西州皮斯卡塔韦，供暖和空调制造

Tri Company

伊利诺伊州尤里卡，制造

论坛媒体服务集团（Tribune Media）

伊利诺伊州芝加哥，媒体联合

TTT 货运公司（TTT Trucking Inc.）

加利福尼亚州希尔玛，运输和分销

终极软件集团公司（Ultimate Software）

佛罗里达州迈阿密，软件制造

联合银行（Union Bank）

加利福尼亚州洛杉矶，金融服务

美国联合航空公司（United Airlines）

伊利诺伊州芝加哥，航空公司

联合海岸金融服务公司（United Shore Financial Services）

密歇根州特洛伊，抵押贷款

美国海军（United States Navy）

弗吉尼亚州华盛顿特区，联邦军事防御

联合技术公司（United Technologies Corporation）

康涅狄格州法明顿，飞机制造

密歇根大学医学中心（University of Michigan Medical Center）

密歇根州安娜堡，医疗保健服务

UPS

佐治亚州亚特兰大，快递

服务

**瓦莱罗能源公司（Valero Energy Corporation）**

得克萨斯州圣安东尼奥，独立炼油厂

**维尔福软件公司（Valve）**

华盛顿州贝尔维尤，电子游戏开发和数字发行

**维拉医疗保健服务公司（Villa Healthcare）**

伊利诺伊州斯科基，医疗保健中心

**Visa**

加利福尼亚州福斯特城，金融服务

**环胜咨询（Visionary Consulting）**

中国上海，战略规划服务

**视觉营销系统公司（Visual Marketing Systems Inc.）**

俄亥俄州特温斯堡，平面设计

**戈尔公司（W.L. Gore & Associates）**

特拉华州纽瓦克，面料制造

**沃尔玛（Walmart）**

阿肯色州本顿维尔，零售

**韦格曼斯（Wegmans）**

纽约州罗切斯特，连锁超市

**WellStar 健康系统（WellStar Health System）**

佐治亚州玛丽埃塔，医疗保健服务

**温蒂国际（Wendy's International）**

俄亥俄州都柏林，连锁快餐店

**West Marine**

加利福尼亚州沃森维尔，船艇用品零售

WeWork

纽约州纽约市,为企业家提供共享办公空间和相关服务

全食超市(Whole Foods)

得克萨斯州奥斯汀,食品

Wild Creation

得克萨斯州阿灵顿,商业服务

格纳海蒙公司(Winegardner & Hammons Inc.)

俄亥俄州辛辛那提,酒店管理

Wipro Spectramind

纽约州纽约市,商业和技术咨询

World Golf Tour 公司 (World Golf Tour Inc.)

加利福尼亚州旧金山,虚拟高尔夫游戏

World Wide Tech.

密苏里州圣路易斯,技术服务

WSFS 银行(WSFS Bank)

特拉华州威尔明顿,金融服务

温德姆酒店集团 (Wyndham Worldwide)

新泽西州帕西帕尼,综合酒店

永利安可度假酒店 (Wynn & Encore Resorts)

内华达州拉斯韦加斯,酒店和度假村

施乐(Xerox)

康涅狄格州诺沃克,技术产品、复印和数字文档解决方案提供商

雅虎(Yahoo!)

加利福尼亚州森尼韦尔,网络服务

亚德金属(Yarde Metal)

康涅狄格州绍辛顿,金属

工业

**黄页集团**

**（Yellow Pages Group）**

加拿大魁北克省凡尔登，电话簿出版

**ZAAZ**

华盛顿州西雅图，网站顾问

**美捷步（Zappos.com）**

内华达州拉斯韦加斯，在线零售

**Zillow**

华盛顿州西雅图，房地产信息在线查询服务

**ZinePak**

纽约州纽约市，娱乐

**ZPG**

英国伦敦，房地产

**祖睿**

加利福尼亚州圣马特奥县，企业软件生产

# 致　谢

　　写这样一本书看起来容易，实际上不尽然，这本书前前后后经过了十几年才得以付梓。

　　我要感谢帮助我完成这个项目的研究人员，包括尼克·斯威舍、奥斯汀·贝克尔、彼得·伊柯诺米、丽贝卡·塔夫和珍妮·卡西森，还有为本书提供真实案例和故事素材的众多人士。我30多年的好朋友和同事马里奥·塔马约担任本书的项目经理，他帮助我及时整理了本书的所有内容，感谢他出色、有序的工作。在扎克·奥斯本的帮助下，阿什琳·威瑟斯编制了本书特色公司的索引。

非常感谢我的朋友兼同事马歇尔·戈德史密斯为本书作序，他在员工激励方面颇富有见解，我们有时候会就此话题讨论好几个小时；同样，员工敬业集团的创始人鲍勃·凯莱赫也撰写了许多有关该主题的书籍，包括《行胜于言：有效提升员工敬业度十法》以及《我敬业：个人敬业度路线图》。特别要感谢凯文·谢里登（参见其个人博客网站 www.kevinsheridanllc.com），他是员工激励方面的权威专家，著有《构建磁性文化》和《虚拟经理》。他在担任人力资源解决方案公司首席执行官期间，对员工激励进行了研究，本书借鉴了他的一些研究成果，并使用了他的著作和博客中的几个案例。

此外，还要感谢职业出版社、红轮出版社和魏泽尔出版社所有尽心尽责的人士，包括资深策划编辑迈克尔·派，正是他的远见卓识和出版热情，让他在本书出版竞标时胜出。